Enzymes
et compagnie

Énergie, minceur et vitalité

Pierre Milot, Ph.D., N.D.

FORMA

D1147821

Je dédie ce livre à tous mes frères et sœurs, présents et futurs qui, comme moi, font de leur vie un voyage de découvertes.
Pierre Milot

L'auteur tient à remercier toutes les personnes-ressources et les représentants des différentes compagnies de produits naturels pour avoir fourni la documentation nécessaire afin de compléter ce livre.

Cet ouvrage n'aurait sûrement pas été aussi complet sans leur support et leur empressement à répondre à ses questions et à acquiescer à ses nombreuses demandes.

Les informations et conseils donnés dans ce livre ont pour but d'informer un public de plus en plus soucieux de sa santé et ils ne doivent pas remplacer les soins d'un professionnel de la santé. En cas de maladie, nous vous recommandons de consulter un praticien diplômé.

Enzymes et compagnie
© Pierre Milot, Ottawa 1996
Tous droits réservés
ISBN : 2-920878-66-2
Dépôt légal : 2e trimestre 1996

Pierre Milot a raison, nous ne sommes pas ce que nous mangeons, mais bien ce que nous digérons et absorbons. En effet, toute l'efficacité nutritionnelle des aliments les plus sains est directement conditionnée par la qualité de notre processus digestif.

Nous pouvons bouffer, vous et moi, autant de protéines, de lipides et de glucides que nous voulons, si nous ne les digérons pas adéquatement, nous aurons des résultats inadéquats.

Toute la science de l'enzymologie, car c'est bien une science, nous ouvre la voie vers des perspectives jusqu'à présent inattendues. Les recherches récentes, particulièrement celles nous venant d'Allemagne, confirment bien les théories du Dr Howell ainsi que des autres «fous» de l'alimentation vivante. J'ai d'ailleurs été surpris de lire une étude scientifique très étoffée, écrite par d'éminents chercheurs, qui citait des études faites par le Dr Howell vers le début du siècle. Certains contesteront peut-être la théorie de Howell présentée dans ce livre, selon laquelle nous avons une réserve d'énergie qui s'amoindrit si notre apport d'enzymes alimentaires est trop faible.

Je suis de ceux-là. Par contre, si nous sommes objectifs et au courant des études scientifiques les plus récentes, il est impossible de contester les applications pratiques suggérées par Pierre Milot.

3

Oui, manger crû est un facteur très important pour une santé optimale. C'est d'ailleurs l'une des thèses de l'ouvrage monumental du Dr Weston Price, *Nutrition and Physical Degeneration*, publié en 1945. Plusieurs études récentes suggèrent que l'absence relative d'enzymes dans l'alimentation moderne serait l'un des facteurs permettant d'expliquer certains symptômes de dégénérescence que nous voyons s'accroître dans notre société moderne. Nous assistons à une augmentation des maladies dégénératives telles la sclérose en plaques, la maladie de Crohn, le cancer et les maladies cardiovasculaires.

Chez nos enfants nous constatons une diminution de l'immunité, diminution qui se manifeste par des infections récidivantes telles que les otites ainsi que par l'accroissement des allergies.

Manger crû, ou se supplémenter, lorsque nécessaire, avec des enzymes actifs, n'est pas une panacée. Par contre, l'augmentation du crû dans notre alimentation et l'ajout de suppléments d'enzymes de qualité, devraient faire partie d'un effort global de prévention.

Ce que nous recherchons, ce n'est pas une alimentation quelconque. Nous voulons tous être en superbe santé. En cela, les enzymes peuvent nous aider.

Daniel-J. Crisafi, ND, MH, PhD

Longtemps accepté comme une presque vérité, le dicton *tu es ce que tu manges* ne semble plus faire le poids.

À la lumière des nouvelles découvertes, c'est l'affirmation *tu es ce que tu assimiles* qui semble vouloir prendre la relève.

Dans cet ouvrage, je vous présente la force de vie qui est derrière tout le processus de digestion et d'assimilation : les enzymes.

Longtemps boudé par les scientifiques et nutritionnistes, le concept de l'importance des enzymes dans le maintien de la santé en général, connaît une recrudescence depuis quelques années. Étant donné que les enzymes opèrent sur deux niveaux, chimique et biologique, il n'est pas toujours facile de mesurer ou de synthétiser leur énergie de vie. C'est plutôt en observant les conséquences de leurs actions qu'il faut considérer l'importance des enzymes dans le maintien de l'équilibre énergétique vital.

«Force biologique» est le terme que nous devrions utiliser pour décrire le principe qui est au cœur même de chaque enzyme. Des noms tels que énergie de vie, principe de vie, force vitale, vitalité, etc., ont souvent été utilisés pour tenter de définir cette énergie. Nous ne serions absolument rien d'autre qu'un tas inutile de substances chimiques sans le rôle vital des enzymes. Dans le maintien de la santé et dans le processus de guérison, ce sont les enzymes qui tiennent les guides.

Il appert, selon certaines recherches, que nous possédons tous un potentiel enzymatique. Ainsi, chacun de nous aurait hérité à la naissance d'une réserve corporelle d'énergie enzymatique qui doit durer toute notre vie.

Toutefois, semble-t-il, cette réserve d'énergie s'épuise plus rapidement chez certains, ce qui déterminerait la durée de vie. Ce gaspillage d'énergie est en grande partie dû à notre ignorance en matière d'alimentation et de nos mauvaises habitudes de vie. Il semblerait, encore une fois, que l'on récolte ce que l'on sème.

L'habitude de cuire nos aliments, de manger des mets raffinés et «enrichis» de produits chimiques, la surutilisation de drogues et d'alcool, boire de l'eau non-naturelle et respirer de l'air pollué, usent prématurément notre potentiel limité d'énergie enzymatique.

Un corps dans un tel état d'affaiblissement enzymatique est un candidat parfait pour succomber au cancer, à l'obésité, aux maladies cardiaques, et pour souffrir de malaises variés.

Abuser ainsi de notre organisme durant toute une vie se traduit souvent par des résultats néfastes qui se manifestent à un trop jeune âge. Nous atteignons tous tôt ou tard un seuil de tolérance métabolique, après quoi la digestion commence à se faire plus difficile, même chez des personnes qui ont toujours bien digéré auparavant.

Chez certains, ce seuil de tolérance se traduira par de l'embonpoint et chez d'autres, par une foule de petits malaises, même s'ils n'avaient jamais été malades auparavant. Ce seuil de tolérance ne se manifeste pas toujours au même âge mais, généralement, c'est aux alentours de 40 à 45 ans qu'il commence à y avoir des dégâts.

Posons-nous la question : ce seuil de tolérance ne serait-il pas dû au potentiel enzymatique qui commence à s'épuiser ?

Si c'était le cas, n'y aurait-il pas lieu de se réjouir en réalisant que cet état de chose n'est pas nécessairement inévitable et qu'en se prenant sérieusement en mains, nous pouvons rétablir cette situation ?

Dans ce livre, je vais vous démontrer, non seulement par des résultats de recherches, mais aussi par des déductions logiques, comment le rôle des enzymes est important dans nos vies et comment, en modifiant nos habitudes alimentaires, nous pouvons prolonger cette vie.

Que sont les enzymes ?

Véritables prodiges de la vie, les enzymes sont de vrais bourreaux de travail à l'intérieur de nos cellules. Nous ne pourrions vivre plus d'une minute sans les milliers d'enzymes au travail dans notre corps, digérant la nourriture, créant de l'énergie, formant des os et des muscles, faisant la vidange des déchets et des poisons et dirigeant tous les changements physiques de la vie.

Lorsque nous respirons ou bougeons un muscle, nous utilisons des enzymes. Lorsque nous nous coupons la peau, ce sont les enzymes qui caillent le sang et arrêtent le saignement. Il y a des enzymes dans tout ce qui vit. La mouche à feu utilise une enzyme pour luire dans le noir et la chenille ne pourrait sortir de son cocon sans enzymes.

Les enzymes agissent aussi à l'extérieur de la vie humaine et animale. Ainsi, elles changent le jus de raisin en vin, le lait en fromage, éclaircissent le jus de pomme et rendent le pain doux et léger. Les enzymes sont aussi utilisées comme drogues et aident la science à diagnostiquer la maladie.

Si le steak que vous mangez vous semble trop coriace, sachez qu'il pourrait être attendri par des enzymes. Saviez-vous aussi que le cuir de vos souliers a été préparé avec l'aide d'enzymes ?

Sans enzymes, il ne pourrait y avoir de vie. Elles contrôlent la rapidité de tous les changements chimiques à l'intérieur de notre corps sans toutefois être changées elles-mêmes.

Faites de protéines, elles sont encodées dans notre matériel génétique. Les enzymes sont des catalyseurs dont la structure et la forme spécifiques rendent possibles toutes les réactions biochimiques qui bâtissent nos cellules, tissus et organes. Elles sont à la base de la vie. Sans elles, les nutriments essentiels, les minéraux, les vitamines, les acides gras et acides aminés essentiels seraient sans valeur. Les enzymes sont si importantes à la vie que chaque cellule de chaque organisme — virus, fongus, bactéries, plantes et animaux — porte dans sa structure génétique un programme pour les produire.

Il y a deux sortes d'enzymes : végétales et animales. Une des enzymes végétales les plus utilisées est la «papaïne». On la saupoudre sur la viande pour l'attendrir. Elle aide à nettoyer les coupures et blessures et améliore la digestion de ceux qui souffrent de dérangements d'estomac. La papaïne est extraite du fruit tropical la papaye qui est souvent consommée au déjeuner. La broméline est extraite du plant de l'ananas. Étant donné que l'ananas est dispendieux et qu'il est plus avantageux de le vendre comme fruit de consommation, c'est de la tige qu'on extrait les enzymes.

D'autres sources importantes d'enzymes végétales sont la figue qui produit la «ficine», les aliments fermentés, les bactéries lactiques, et les grains tels que le blé, l'orge, l'avoine, etc. Ces grains sont particulièrement riches en enzymes lorsque leurs semences sont germées.

La majorité des enzymes animales proviennent des glandes des animaux et la source principale est le pancréas. L'enzyme est obtenue comme sous-produit lorsque l'animal est abattu.

Étant donné que l'on n'élève aucun animal seulement pour les enzymes, l'approvisionnement en enzymes animales est limité au nombre de bétail abattu. Aussitôt que l'animal est tué, le contenu en enzymes du pancréas commence à décroître. Ainsi, l'on doit recueillir aussitôt les enzymes, sinon il faut ôter le pancréas et le congeler pour en extraire les enzymes plus tard. Il est ensuite séché et moulu et le résultat est une enzyme grossière ou plutôt un mélange de plusieurs enzymes différentes. La «rennine» est une autre enzyme animale qui est utilisée dans la fabrication du fromage et qui provient de la paroi stomacale des vaches abattues. Le yogourt naturel est une autre bonne source d'enzymes animales.

Les enzymes digestives

Les enzymes sont sélectives et on appelle enzymes digestives (souvent dénommées ferments) celles qui se spécialisent dans la métabolisation ou dégradation des aliments que nous mangeons. Les enzymes digestives se situent à l'intérieur du triangle classique de l'utilisation de la nourriture et qu'on peut décrire comme la digestion — l'assimilation et la métabolisation. Les enzymes du tube digestif assurent la métabolisation normale des aliments. Elles possèdent la clé à savoir si la nourriture doit être utilisée immédiatement sous forme d'énergie, comme composante structurale du tissu corporel, ou d'énergie emmagasinée. Il y a plus de 1800 enzymes connues et celles qui sont impliquées dans la métabolisation des aliments peuvent être classées en trois groupes : les protéases, les lipases et les amylases.

Les protéases digèrent les protéines et les dégradent en acides aminés. Ces derniers peuvent alors être absorbés par le corps sans créer de problèmes de santé. Si les protéines étaient absorbées non digérées, elles causeraient des allergies alimentaires, ce qui se produit souvent lorsque la digestion est déficiente.

Les lipases tournent les gras et les huiles en acides gras essentiels et autres, et en monoglycérides, qui peuvent alors être absorbés par le corps.

Les amylases convertissent les amidons en glucose, grand fournisseur d'énergie.

Outre ces trois principaux groupes d'enzymes digestives, il y en a plusieurs autres qui jouent un rôle important dans la digestion : la «cellulase» qui convertit la cellulose en glucose, la «sucrase» qui tourne le sucre en glucose, la «lactase» qui transforme le lactose (sucre du lait) en glucose, etc.

Enzymes et vitamines

Les vitamines et minéraux travaillent en équipe avec les enzymes. Le rôle principal des minéraux dans le corps est de créer un fluide (électrolyte) pouvant transporter une myriade de signaux et messages essentiels à la vie.

Le fait que les vitamines sont traditionnellement surnommées coenzymes démontre bien jusqu'à quel point leur activité est liée à celle des enzymes. Ces coenzymes agissent pour faciliter les réactions générales des enzymes dans le corps.

Une déficience en vitamines, même une seule, peut rendre inefficaces les enzymes.

Les enzymes sont des substances chimiques qui régularisent la façon dont la nourriture (macronutriments) devient des micronutriments utilisables par les tissus vivants.

Les enzymes se lient avec une coenzyme spécifique, permettant ainsi aux micronutriments de pénétrer à travers la membrane des tissus. S'il y a un problème dans ce processus de liaison (malnutrition, stress, alcool, pollution), les coenzymes et les enzymes ne se combineront pas correctement et il se produira une perte de contrôle métabolique.

Si une perte importante se manifeste à un point de contrôle majeur tel le cœur ou le système endocrinien, le résultat peut être fatal. Des pertes à des points de contrôle moins importants peuvent causer des accumulations d'acides lactiques (pas les mêmes que ceux utilisée pour les fermentations) ou uriques. Ces derniers sont associés à l'hypersensitivité et aux maladies dégénératives.

La présence d'enzymes et de coenzymes (vitamines) dans notre corps dépend sans contredit de notre alimentation et notre santé peut être compromise par un manque important d'enzymes et de vitamines. Il est bien connu aujourd'hui que les enzymes sont détruites par la chaleur intense lors de la cuisson. La transformation et l'irradiation des aliments sont aussi des opérations qui tuent les enzymes naturelles des aliments.

Si votre diète se compose largement d'aliments manipulés et cuits, vous devrez remplacer les enzymes perdues. Pour ce faire, vous pouvez augmenter vos portions d'alimentation vivante (crudités) ou prendre des suppléments d'enzymes.

Les enzymes et la digestion

La digestion est une série de changements physiques et chimiques par lesquels la nourriture, une fois ingérée, est transformée par les enzymes dans le but d'être absorbée, à partir des intestins, par le système digestif.

Les enzymes sont des protéines complexes, capables de produire des réactions chimiques avec d'autres substances sans en être elles-mêmes transformées. Les enzymes sont sélectives en ce sens qu'elles agissent seulement sur une substance en particulier. Par exemple, une enzyme capable de transformer le gras (lipase) ne peut transformer des protéines ou des hydrates de carbone ou vice-versa. Elles sont sécrétées à partir de quatre parties spécifiques du corps, les glandes salivaires, l'estomac, le pancréas et l'intestin grêle.

La digestion commence dans la bouche lors de la mastication. Ainsi, la salive produite par les glandes salivaires et qui contient de la «ptyaline» (de la famille des amylases) commence le processus de dégradation des hydrates de carbone en glucose (sucre). Suite au réflexe d'avaler, la nourriture avance jusqu'au pharynx. De là, le processus d'ingestion est maintenu par le mouvement péristaltique, une contraction du tube digestif qui rappelle le mouvement d'une vague et qui se continue tout au long de l'appareil digestif, transportant ainsi la nourriture jusque dans l'estomac.

À cet endroit, une digestion plus active commence et la nourriture est mélangée avec les sucs gastriques contenant de l'acide hydrochlorique, de l'eau et des enzymes. Pendant une période de une à quatre heures, le réflexe péristaltique pousse la nourriture en dehors de l'estomac jusque dans l'intestin grêle et dans l'ordre suivant : les hydrates de carbone, les protéines et enfin les gras qui sont plus longs à être digérés.

Une fois les aliments rendus dans l'intestin grêle, le pancréas sécrète ses puissants sucs gastriques. Si du gras est présent dans la nourriture, les enzymes contenues dans la bile le séparent en petites gouttelettes pour qu'il puisse être transformé par les enzymes du pancréas qui envoient aussi des enzymes pour dégrader les protéines et les hydrates de carbone.

Les résidus de nourriture non digérée pénètrent dans le gros intestin (colon) et sont éventuellement évacués.

Assimilation

L'assimilation est le processus par lequel les éléments nutritifs (glucose, acides aminés et acides gras) sont absorbés par les intestins et ensuite transférés dans le flux sanguin pour faciliter la métabolisation des cellules.

L'assimilation s'effectue principalement dans l'intestin grêle. À cet endroit, l'intestin est recouvert de petites projections ressemblant à de petits doigts qu'on appelle «villosités».

Ces villosités contiennent des canaux lymphatiques et de minuscules vaisseaux sanguins appelés «capillaires» : ce sont les principaux canaux d'assimilation selon le type d'éléments nutritifs.

Les gras et vitamines solubles dans l'huile (A, D, E, K) voyagent par le sang jusqu'aux cellules. D'autres éléments nutritifs sont transportés à partir des villosités par les vaisseaux capillaires, qui les déversent dans les veines qui mènent au foie.

À l'intérieur du foie, plusieurs types d'enzymes aident à transformer les molécules nutritives en des formes nouvelles pour répondre à des besoins spécifiques.

Différemment des changements antérieurs qui servaient à préparer les éléments nutritifs pour l'assimilation et le transport, les réactions enzymatiques qui ont lieu dans le foie produisent les substances nécessaires aux cellules individuelles. Certaines de ces substances sont utilisées par

16

le foie lui-même, mais le reste est emmagasiné pour être libéré dans le corps selon les besoins.

L'excédent est transporté par le flux sanguin où il est ramassé par les cellules et utilisé. Les vitamines solubles dans l'eau (B, C) et les minéraux sont ainsi absorbés par le flux sanguin de l'intestin grêle.

Métabolisation

À ce point, la manipulation de la nourriture à l'intérieur du corps a atteint son stade final. Le processus de métabolisation implique tous les changements chimiques que les éléments nutritifs traversent à partir du moment où ils sont assimilés jusqu'à ce qu'ils deviennent partie intégrante du corps ou qu'ils soient rejetés à l'extérieur.

La métabolisation peut être décomposée en deux phases générales qui se produisent simultanément : l'anabolisme et le catabolisme.

L'anabolisme recouvre toutes les réactions chimiques que les nutriments traversent pendant la construction de la chimie et des tissus du corps. Ces réactions impliquent le sang, les enzymes, les hormones, etc.

Le catabolisme implique les réactions à travers lesquelles différentes substances sont transformées en énergie utilisable par le corps.

L'énergie qui nourrit les cellules est un dérivé de la métabolisation du glucose qui, combiné à l'oxygène en une série de réactions chimiques qui

17

s'opèrent à l'intérieur du processus du cycle de Kreb (cycle ATC), donne du dioxide de carbone, de l'eau et de l'énergie. Le dioxyde de carbone et l'eau forment des résidus qui sont expulsés des cellules par le flux sanguin.

L'énergie peut aussi être un dérivé de la métabolisation d'acides gras essentiels et d'acides aminés, quoique le but premier de la métabolisation des acides aminés soit de fournir le matériel de croissance, le maintien en forme ainsi que la réparation des tissus du corps. Les résidus des acides gras essentiels et des acides aminés qui ont été métabolisés sont aussi transportés hors des cellules par le flux sanguin.

Le procédé de métabolisation requiert un système complexe d'enzymes pour faciliter les milliers de réactions chimiques différentes et pour régulariser le rythme auquel ces réactions s'effectuent.

Ces enzymes requièrent souvent la présence de vitamines et minéraux spécifiques qui agissent comme coenzymes dans la bonne marche de leurs fonctions.

Métabolisation catabolique

Voici une version simplifiée des réactions biochimiques qui se passent lors de la phase catabolique de la métabolisation.

À ce point, vous devrez arrêter de considérer les composés (résultats de la dégradation des

aliments) comme des unités de base des nutriments. Vous devrez plutôt tout au long de cette
explication garder à l'esprit que ces composés
sont formés d'autres unités plus petites appelées
«atomes».

Durant la métabolisation, le corps se met au
boulot avec sa «scie à l'électron» et sépare les
atomes les uns des autres.

Le cheminement de ce qui arrive à ces composés à l'intérieur des cellules peut être expliqué
plus simplement en commençant par le glucose
(résultat de la dégradation des amidons ou
hydrates de carbone). Une molécule de glucose
est un composé formé de 24 atomes : 6 de
carbone, 12 d'hydrogène et 6 d'oxygène, d'où sa
formule chimique $C_6H_{12}O_6$.

Le glycérol (résultat de la dégradation des gras
(triglycérides) contient trois atomes de carbone et
les acides aminés (résultat de la dégradation des
protéines) contiennent au moins deux ou trois
atomes de carbone.

Pendant la métabolisation à l'intérieur des
réactions en chaîne qui se manifestent, deux
nouveaux noms apparaissent : le pyruvate (un sel
de l'acide pyruvique comportant trois atomes de
carbone) et l'acétyle CoA, une coenzyme
comportant deux atomes de carbone.

Lors de sa dégradation, suite à l'action
d'enzymes spécifiques, le glucose se sépare en

deux pour former le pyruvate et il libère à ce moment un peu d'énergie.

À ce stade, la cellule peut «changer d'idée» et renverser le processus en ressoudant les deux moitiés ensemble pour refaire du glucose.

Toutefois, si le corps a besoin de plus d'énergie, le pyruvate sera dégradé définitivement en acétyle CoA.

L'étape de dégradation de trois atomes de carbone (pyruvate) à deux atomes de carbone (acétyle CoA) est irréversible.

Finalement, l'acétyle CoA sera dégradé totalement à l'intérieur du cycle de Kreb (cycle ATC - acide tricarboxilique) pour libérer la majorité de son énergie ainsi que des résidus à être éliminés.

Lors de ces transformations, seule la première étape est réversible. De l'énergie est libérée à chaque étape, mais c'est la dégradation de l'acétyle CoA à l'intérieur du cycle ATC qui fournit la majorité de l'énergie qui active les cellules.

Cycle de Kreb (ATC - acide tricarboxylique) [1]

Le cycle ATC est le nom donné à une série de réactions impliquant l'oxygène et menant de l'acétyle CoA au dioxide de carbone et de l'eau. Cette série de réactions aérobiques n'est pas limitée au métabolisme des hydrates de carbone. Elle inclut aussi le gras et les protéines tel que démontré au tableau numéro 2. Toute substance

qui peut être convertie en acétyle CoA directement ou indirectement à travers le pyruvate, peut
pénétrer le cycle ATC.

On appelle cette étape cycle de Kreb à cause du
biochimiste qui l'élucida.

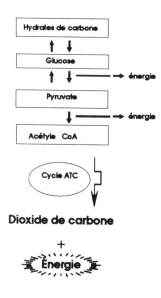

Tableau n°1[2]

Catabolisme : réactions par lesquelles les grosses molécules sont dégradées
en plus petites. Ces réactions impliquent l'oxydation et la libération d'énergie.

Les flèches pointant vers le bas indiquent les réactions cataboliques. Les
flèches pointant vers le haut indiquent un renversement du processus. La
plupart du travail catabolique est accompli dans le foie.

Après un repas mixte normal, si vous n'avez pas trop mangé, voici comment le corps manipule les nutriments (tel que décrit plus tôt).

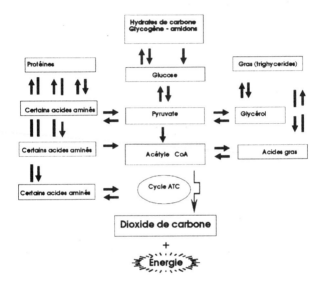

Tableau n°2 [3]

P.S. Chaque étape du processus de métabolisation est rendu possible grâce à l'action des enzymes.
Certaines de ces transformations s'effectueraient mal ou pas du tout s'il y avait déficiences de certaines enzymes responsables de ces transformations.

Pour résumer

Les hydrates de carbone cèdent du glucose : une partie est emmagasinée sous forme de glycogène, le reste est utilisé par le cerveau et les autres cellules du corps qui le dégrade via le processus de pyruvate et d'acétyle CoA pour en tirer l'énergie.

Les protéines cèdent des acides aminés : une partie est utilisée pour construire les tissus et organes du corps et, s'il en reste un surplus, il est transformé en énergie de la même façon que le glucose.

Les gras cèdent le glycérol et les acides gras : une partie est emmagasinée sous forme de gras corporel et d'autres parties sont dégradées comme le glucose pour produire de l'énergie.

Quelques heures après le repas, le glycogène et le gras emmagasinés commencent à être libérés des réserves pour fournir d'autres glucose, glycérol et acides gras pour conserver la circulation d'énergie.

Quand toutes les réserves d'énergie fournie par le dernier repas ont été utilisées et que les réserves commencent à être basses, il est temps de manger à nouveau.[4]

Le concept des enzymes alimentaires

Dans son livre *Enzyme Nutrition*, le docteur Edward Howell nous expose un concept fort intéressant et qui apporte davantage de lumière sur le processus complexe de la digestion.

Selon le concept des enzymes alimentaires, il existe un mécanisme opérant à l'intérieur de chaque créature vivante qui permet aux enzymes alimentaires de digérer une fraction particulière des aliments dans lesquels elles sont contenues.

Chez les humains, la portion supérieure de l'estomac est en réalité un estomac pour enzymes alimentaires.

Cette partie ne sécrète aucune enzyme et elle se comporte comme n'importe quel autre estomac pour enzymes alimentaires.

Quand les aliments crus ou vivants avec leurs enzymes sont ingérés, ils vont dans cette section d'enzymes alimentaires de notre estomac. Dans cette section qui n'offre aucun mouvement péristaltique, les enzymes alimentaires digèrent les aliments qui les contiennent. En fait, la digestion des protéines, des gras et des hydrates de carbone contenus dans les aliments crus commence dans la bouche au moment même où les parois des cellules des aliments sont rompues, libérant ainsi les enzymes alimentaires tout au long de la mastication.

Après avoir avalé, la digestion continue dans la section des enzymes alimentaires de l'estomac pour une période d'une demi-heure à une heure, ou jusqu'à ce que la marée ascendante d'acides atteigne un point où elle est inhibée. C'est alors que la «pepsine», une enzyme stomacale, prend la relève.

Une fois la nourriture avalée, elle se stabilise en une masse dans la section des enzymes alimentaires de notre estomac.

S'ils sont cuits (la chaleur de la cuisson tue les enzymes), les aliments sans enzymes attendent là pour une période allant d'une demi-heure à une heure, temps pendant lequel rien ne leur arrive.

Si des bactéries nuisibles sont avalées en même temps que la nourriture, elles peuvent attaquer à ce moment-là et amplifier la stagnation.

Les enzymes salivaires (ptyaline) travaillent sur les hydrates de carbone, mais les protéines et les gras doivent attendre, pouvant créer ainsi toutes sortes d'inconvénients : ballonnements, putréfaction, gaz, intoxications, manque à gagner d'énergie, stockage inutile de graisse, etc.

Manger beaucoup d'aliments cuits et peu de crudités représente une situation où la prise de suppléments enzymatiques pourrait être utile.

Une alimentation vivante ou crue est toujours recommandée, mais lorsqu'il y a faute comme dans le cas ci-haut, la prise de compléments d'enzymes digestives avec le repas permet de commencer immédiatement la digestion des nutriments.

Les suppléments agissent sur les protéines et les gras pendant le temps que ces aliments passent dans la section des enzymes alimentaires de l'estomac.

Selon la loi de la sécrétion adaptative des enzymes digestives du Docteur Howell, la digestion accomplie par les enzymes alimentaires ou par les suppléments d'enzymes digestives, n'a pas à être effectuée par les enzymes digestives du corps.

La demande de ces riches enzymes digestives est ainsi amoindrie et il résulte de cette souhaitable réaction une conservation importante du potentiel enzymatique et d'énergie corporelle.

Cela permet au corps de d'accorder plus d'attention à fournir un plus grand nombre d'enzymes métaboliques pouvant être utilisées par les organes et les tissus pour poursuivre leurs fonctions, réparer et guérir le corps.

Acidité versus alcalinité

Certains experts du domaine de la nutrition soutiennent que le bas pH (acide) de l'estomac humain arrête la majorité de l'activité enzymatique de la salive et présumément aussi des suppléments d'enzymes, car le pH (unité de mesure du niveau d'acidité ou d'alcalinité d'une solution) de la salive humaine est neutre.[5]

Entre autres, le Professeur Alaf Bergrim, professeur de physiologie du Collège de médecine de l'Illinois, prouva ce fait en ajoutant de l'acide hydrochlorique (une substance chimique contenue dans les sucs gastriques) à de la salive pour inactiver cette dernière en permanence.

Toutefois, des recherches plus poussées faites par d'autres chercheurs ont depuis démontré que la sécrétion moyenne en acide hydrochlorique de l'estomac humain n'était pas aussi concentrée que l'on croyait.

Mais cela ne pourrait s'appliquer que dans le cas de l'estomac moyen d'un humain en parfait équilibre avec une alimentation idéale.

Quoi penser des gens stressés et des grands consommateurs de café qui sécrètent continuellement beaucoup trop d'acide qui, en retour, retarde la pré-digestion ?

Comme le Docteur Howell nous le dit, les enzymes digestives sécrétées par le pancréas sont beaucoup plus concentrées que les enzymes contenues dans les aliments vivants.

Ainsi, une personne qui consommerait beaucoup de viande et de légumes trop cuits pourrait avoir de la difficulté à digérer les hydrates de carbone et les amidons (pain et pâtes) ingérés pendant le même repas, en plus d'exercer une dépense inutile d'énergie métabolique.

Vieillir est un autre facteur qui nous prédestine à une digestion plus précaire. Les sécrétions digestives de l'être humain sont, au niveau enzymatique, particulièrement riches dans la fleur de l'âge.

Ainsi, lors d'une série d'expériences, on démontra que la force moyenne de l'amylase salivaire était trente fois plus puissante chez un groupe de jeunes adultes que dans un groupe d'adultes plus vieux.[6]

Toutes ces situations devraient nous inciter à consommer plus de crudités et d'aliments vivants en plus de considérer sérieusement la prise de suppléments d'enzymes digestives.

Les sources d'enzymes

Comme je l'ai mentionné plus tôt, il y a trois classes d'enzymes qui agissent sur notre corps : les enzymes métaboliques qui transforment, réparent et guérissent notre corps ; les enzymes digestives, sécrétées par notre corps pour digérer notre nourriture ; et les enzymes alimentaires contenues dans les crudités, qui enclenchent la pré-digestion.

Nous reparlerons plus tard des enzymes métaboliques au chapitre des déficiences. Pour l'instant, regardons plus en détail les sources des deux autres catégories d'enzymes, soit les enzymes digestives et alimentaires.

Les enzymes digestives

Les deux enzymes digestives les plus *potentes* sécrétées par le corps humain sont les amylases et les protéases.

Ces dernières sont responsables de la digestion de deux catégories d'aliments, les hydrates de carbone et les protéines respectivement. La salive fournit une haute concentration d'amylase tandis que le suc stomacal contient la protéase.

Le pancréas, pour sa part, sécrète des sucs digestifs qui contiennent de fortes concentrations d'amylases et de protéases en plus de la lipase, une troisième enzyme qui s'occupe de la digestion des gras.

Toutefois, la lipase y est présente en plus petite concentration que les amylases et protéases.

Une autre enzyme, la maltase, qui réduit le maltose en dextrose, est sécrétée à un moindre degré par le pancréas. Plus loin et tout au long du tube digestif, une multitude d'autres enzymes intestinales sont sécrétées et continuent le travail sur les aliments partiellement digérés.

Même si l'on retrouve l'amylase et la protéase en forte concentration dans les sucs digestifs, il serait incorrect de dire que deux types d'enzymes font la majorité du travail de digestion.

Ceci omettrait d'impliquer les enzymes alimentaires et les autres enzymes présentes durant la digestion. Ces travailleurs enzymatiques alimentaires sont même très vaillants. Ils travaillent jour et nuit pour construire et plus tard dégrader les millions de cellules des plantes et des animaux.

Depuis des centenaires, les humains utilisent ces enzymes pour prédigérer certains aliments avant de les manger. Ainsi, les aliments fermentés et vieillis sont prédigérés par leurs propres enzymes ou par des ferments souvent utilisés dans la production de pain (levain), yogourt et quelques fromages.

Les enzymes alimentaires

Toute nourriture crue contient une abondance d'enzymes alimentaires correspondant à la potence nutritionnelle des aliments.

Par exemple, les produits laitiers, les huiles, les semences et les noix, qui ont un taux relativement haut de gras, contiennent aussi des enzymes en proportions suffisamment élevées pour permettre la digestion complète de leur gras.

Les hydrates de carbone tels que les grains contiennent de plus fortes concentrations d'amylases que de lipases et protéases.

Les viandes maigres, d'un autre côté, contiennent des quantités considérables de protéases (sous forme de cathepsine) et très peu d'amylases.

Les fruits et légumes sont faibles en protéases et amylases, mais regorgent de l'enzyme cellulase qui est nécessaire pour dégrader les fibres de la plante.

La nature, dans sa sagesse, a inclus dans toute nourriture fraîche et crue des quantités bien balancées d'enzymes pour aider la digestion des animaux et des humains ou pour faciliter la décomposition nécessaire aux différents cycles de la vie.

Pour les personnes intéressées, voici un tableau sommaire de quelques aliments avec certaines enzymes qu'ils contiennent. D'autres enzymes sont de toute évidence aussi présentes dans ces aliments, mais nous n'énumérerons ici que les principales.

ALIMENTS	ENZYMES
Banane	Amylase, maltase, sucrase
Blé	Amylase, protéase
Canne à sucre	Amylase, catalase, éreptase, invertase, maltase, oxidase, péroxydase, peptase, saccharase, tryosinase
Champignon	Maltase, glycogénase, amylase, protéase, catalase
Chou	Amylase
Fève de soja	Oxydase, protéase, uréase
Fraise	Déhydrogénase
Haricot rouge	Amylase, protéase
Lait	Catalase, galactase, lactase, amylase, oléinase, péroxydase, déhydrogénase, phosphatase
Maïs	Amylase
Mangue	Péroxidase, catalase, phosphatase, déhydrogénase
Miel cru	Catalase, amylase
Œuf	Tributyrinase, lipase, phosphatase, peptidase, péroxydase, catalase, oxidase, amylase
Patate douce	Amylase
Pomme	Péroxidase
Pomme de terre	Invertase
Raisin	Péroxydase, polyphénoloxidase, catalase
Riz	Amylase
Sirop d'érable	Amylase
Tomate	Oxidase
Viande	Cathepsine

Autres sources d'enzymes alimentaires : les germinations

N'importe quelle semence peut être amenée à germer en augmentant son humidité et en maintenant une température adéquate.

Au repos, les grains ou semences contiennent des amidons qui, en tant que produit emmagasiné, représentent une source future d'énergie qui se manifestera lorsque les conditions deviendront idéales pour les faire germer, grandir et se transformer en plante.

Dans la nature, les grains doivent quelquefois se reposer pendant des mois et des années même avant que les conditions deviennent satisfaisantes pour qu'elles grandissent. Les enzymes sont présentes dans les grains au repos, mais ne peuvent être activées à cause de la présence d'inhibiteurs d'enzymes.

Ces inhibiteurs font partie d'un processus naturel et remplissent un besoin. Les noix, les semences, les fèves et les grains contiennent naturellement de superbes gras et protéines nécessaires à la perpétuation de leur espèce propre.

Pour remplir cette tâche, les semences doivent être dotées d'un riche héritage d'enzymes, beaucoup plus que n'importe quelle autre partie de la plante comme la feuille, par exemple. Mais parce que les enzymes sont des entités actives et agitées, la nature a dû les ralentir à l'état latent jusqu'au moment où la semence puisse tomber au sol et être recouverte adéquatement de terre.

On appelle ces freins des inhibiteurs d'enzymes et ils sont inactivés par les enzymes de la semence au moment où l'humidité de la pluie est absorbée par la semence.

Ces inhibiteurs d'enzymes n'ont toutefois pas leur place dans notre corps. Ce qui est requis pour le bien-être d'une plante ou d'un arbre pose un problème aux animaux et aux humains qui veulent utiliser les semences comme nourriture.

De là l'importance de la germination artificielle qui neutralise ces inhibiteurs et libère les enzymes.

La germination, qu'elle soit naturelle ou artificielle, augmente l'action des enzymes. Au moment opportun, l'enzyme amylase (aussi appelé ptyaline) convertit les amidons en sucre.

Les molécules d'amidons ne peuvent se mélanger au sang et circuler partout, mais le sucre s'infiltre dans chaque recoin du corps pour y apporter l'énergie.

Depuis des siècles en Orient, le riz est modifié (processus de fermentation) par des enzymes pour produire un vin qu'on appelle «saké».

Les produits tels que les fèves de soja, le tofu, le tempeh, le miso, etc., dépendent des enzymes pour être convertis adéquatement en bonne nourriture.

Ils ont fourni une partie substantielle des besoins nutritionnels des Orientaux depuis des millénaires et sont en train de devenir de plus en plus populaires en Occident.[7]

Les effets de la germination

Un apport d'eau à la graine sèche agit comme une douche froide sur les enzymes. Dynamisées, elles entrent en action et sont la base de toute une série de réactions en chaîne se traduisant par une modification totale des constituants fondamentaux de la graine : protéines, sucres, gras, vitamines et minéraux.

Prenons par exemple les protéines sur lesquelles la germination crée une véritable prédigestion. Constituées d'un assemblage plus ou moins grand d'acides aminés, les protéines, pour être absorbées au niveau des intestins, doivent être fractionnées au cours de la digestion et ce, tout au long du tube digestif.

Réactivées, les enzymes vont non seulement dissocier les protéines en acides aminés assimilables mais, et c'est le miracle de la germination, *en synthétiser de nouvelles*.

Ainsi, en ce qui concerne les céréales, souvent pauvres en lysine (facteur limitant), l'analyse finale de la graine germée met en évidence une augmentation importante (près du double) de cet acide aminé essentiel ; un phénomène identique se produit avec les légumineuses. Non seulement le taux de lysine est multiplié, mais également celui de cystine, méthionine, phénylalanine et thréonine, d'autres acides aminés.

De ces analyses et du tableau comparatif ci-dessous, nous pouvons déduire que :

- Les céréales et légumineuses germées représentent un apport protéique de premier choix (pré-digestion).
- Le taux protéique fourni est supérieur à celui de la viande et des sous-produits animaux en quantité et en qualité (présence de tous les acides aminés essentiels).

Tableau comparatif des apports protéiques moyens de graines germées et d'aliments courants	
Blé germé	27 %
Luzerne germé	20 %
Haricot Mungo germé	37 %
Œuf	13 %
Viande	14 à 22 %
Gruyère	29 %

Un autre exemple de l'effet enzymatique de la germination est l'augmentation du taux de vitamines contenues à l'intérieur des grains.

Avant la germination, la graine est généralement riche en vitamines B (surtout B_1, B_2 et B_3) et pauvre en vitamines A, B_{12} et C.

À peine amorcée, la germination provoque une véritable explosion vitaminique. Le taux de provitamine A ou carotène est ainsi multiplié par neuf (9) au bout d'une semaine en ce qui concerne certaines céréales et par deux (2) pour les légumineuses. Il en est de même pour les vitamines B_2, B_3 et B_{12}.

Pour contrer l'objection que les végétariens puissent être déficients en vitamine B_{12}, il est utile ici d'ouvrir une parenthèse. Peu abondante dans les végétaux, la vitamine B_{12} se retrouve en bonne quantité dans les légumineuses et graines germées.

Cent à cent cinquante (100 à 150) grammes de légumineuses germées peuvent fournir la ration quotidienne de cette précieuse vitamine. Avec la vitamine C, nous retrouvons le même phénomène.[8]

La lacto-fermentation

Selon Chantal et Lionel Clergeaud, auteurs de *À la découverte des aliments fermentés* : «La fermentation est, par définition, la dégradation de substances organiques par des enzymes microbiennes produites par des champignons microscopiques ou des bactéries.»

Cette dégradation s'accompagne d'un dégagement gazeux donnant une impression d'ébullition. Il y a de nombreuses catégories de fermentation mais, des deux principales soit la fermentation alcoolique et la fermentation lactique, la dernière seulement nous intéresse dans ce livre.

La fermentation lactique est un processus complexe au cours duquel un aliment est modifié (dans sa texture, sa composition et sa digestibilité) sous l'action de bactéries, levures et moisissures.

Le développement de ces organismes microscopiques, et donc la production d'enzymes, se fait à partir des glucides (sucres) de l'aliment, sous réserve de conditions spécifiques optimales.

Selon Clergeaud, une fermentation n'est jamais totalement lactique ou alcoolique, mais elle fait intervenir simultanément les deux processus avec prédominance de l'une ou de l'autre.

Les sources :

Les *champignons* regroupent levures et moisissures. Les levures sont des champignons unicellulaires se développant par divisions cellulaires. Elles interviennent principalement dans la fabrication des boissons alcoolisées et du pain. Les moisissures, quant à elles, sont formées de filaments sur lesquels sont disséminées les spores reproductrices.

Contrairement à ce que l'on pourrait croire, toutes les moisissures ne sont pas mauvaises, comme par exemple, le pénicillium, utilisé dans la fabrication d'aliments très prisés (fromage Roquefort, etc.).

Les **bactéries** sont des microbes unicellulaires qui, tout comme les levures, se multiplient par divisions successives. De formes très variées (allongées, sphériques ou en spirales), les bactéries sont indispensables à la matière vivante.

Elles ont la particularité de pouvoir sécréter des ferments ou enzymes sans lesquels de nombreuses réactions chimiques ne pourraient avoir lieu. Sans les bactéries, il n'y a pas de fermentation lactique possible.

Les effets de la lacto-fermentation

L'intérêt de la lacto-fermentation est de produire de l'acide lactique. Dans le milieu acide, résultat de la fermentation, les micro-organismes qui pourraient être cause de putréfaction, sont inhibés.

La production d'acide lactique permet à des substances antibiotiques d'apparaître, s'opposant ainsi à la prolifération de germes pathogènes comme les salmonelles et staphylocoques.

La lacto-fermentation modifie totalement les caractéristiques physiques et chimiques des aliments, procurant ainsi les bénéfices suivants :

- les légumes deviennent moins fermes car leurs fibres sont prédigérées ;

- les protéines sont dissociées, du moins partiellement, en acides aminés plus facilement assimilables ;
- les nitrates qui pourraient être présents, sont dégradés ;
  certains sucres non-assimilables des légumineuses responsables de flatulences (gaz), sont transformés en sucres simples ;
- les substances antinutritionnelles comme les facteurs anti-trypsiques (la trypsine est une enzyme pancréatique), les hémaglutinines (facteur profavisme), le facteur antithyroïdien (risque goitrigène) et l'acide phytique sont inhibés ;
- une augmentation (x 2) du taux de vitamine C ;
- une augmentation (x 2) du taux des vitamines B_2, B_3, B_5 et B_6 (suivant les préparations, cette dernière peut même être décuplée [x 10] ;
- une «explosion» du taux de vitamine B_{12}. Ainsi, après la fermentation, les analyses font apparaître une teneur, en cette précieuse vitamine, multipliée par 30, ce qui est énorme.

Les aliments fermentés sont, de par les transformations subies, très digestes, riches en vitamines et régénérateurs de la flore intestinale.

Par l'acide lactique et les enzymes produits, ils ont une action détoxicante.[9]

Les bactéries lactiques (acidophilus)

Je me permets ici d'élaborer un peu plus sur les bactéries, plus précisément sur les bactéries lactiques.

Les bactéries lactiques ou lactobacilles (qui ne sont pas nécessairement reliées aux produits laitiers) sont les organismes qui prédominent dans l'intestin grêle. Parce qu'ils produisent de l'acide lactique, ils font baisser le pH de l'intestin et freinent la croissance de nombreuses bactéries malsaines.

Dans nos intestins résident des milliards de bactéries qui, comme nous l'avons mentionné plus tôt, par l'effet des enzymes qu'ils engendrent, décomposent la nourriture, absorbent les nutriments et éliminent les toxines.

Cependant, le tractus intestinal peut également subir l'invasion de bactéries indésirables qui nuisent à la santé. C'est comme s'il était un champ de bataille où les bonnes bactéries livrent combat aux bactéries putréfactives hostiles pour pouvoir s'emparer des nutriments.

Au cours de ce combat sont générées des toxines qui empoisonnent le système. En autant que nous menions une vie saine et active avec une alimentation vivante riche en enzymes digestives capables de neutraliser les mauvaises bactéries, la santé sera maintenue. Mais si un mode de vie sain n'est pas entretenu, s'il y a trop de stress, une ingurgitation excessive d'alcool et une absorption non raisonnable d'antibiotiques qui affaiblit la flore intestinale, le corps risque la maladie suite à l'envahissement des bactéries ennemies.

C'est alors que la prise de suppléments de bactéries lactiques, communément appelées «acidophilus», peut devenir utile.

On ne peut théoriquement considérer les bactéries lactiques (acidophilus) comme des suppléments d'enzymes au vrai sens du terme. Toutefois, elles produisent des effets bénéfiques similaires sur la digestion en ce sens qu'elle sont génératrices d'enzymes agissant plus particulièrement sur la flore intestinale.

Parmi les bactéries salutaires, on retrouve les «lactobacillus rhmnosus», les «streptococcus fæcium» et les «bifidus».

Elles agissent de plusieurs façons : elles créent un environnement microbien favorable dans l'intestin en le maintenant légèrement acide (les bactéries hostiles prospèrent en milieu alcalin) ; elles limitent l'action des microbes putréfiants et inhibent les bactéries pathogènes (qui peuvent créer la maladie) ; elles éliminent l'intolérance au lactose et hydrolysent le sucre ; elles favorisent le péristaltisme intestinal et par conséquent accélèrent le transit du bol alimentaire ; elles tapissent les muqueuses intestinales et constituent une protection contre l'invasion de micro-organismes pathogènes.

Les bactéries lactiques favorisent également la digestion en réduisant certaines protéines en acides aminés à l'état libre ; elles permettent la fermentation de plus de 40 sortes de glucides ; elles libèrent les acides gras des graisses ; elles absorbent les minéraux et contribuent à l'élaboration des vitamines B, surtout l'acide folique et la biotine.

Plusieurs vitamines B sont, comme je l'ai dit plus tôt, des biocatalyseurs (coenzymes) qui accroissent l'activité enzymatique et facilitent la digestion.

Des siècles d'usage en médecine populaire attestent que les bactéries lactiques ont une action bienfaisante sur la santé et des études appuient leur effet thérapeutique contre de nombreuses maladies, certaines aussi graves que le cancer.

Ainsi, on attribue des propriétés anti-tumorales aux souches de bactéries «Bifidobacterium infantis», «S. thermophilus», «L. acidophilus» et «L. casei», entre autres.

On pense que l'acidophilus contribue à la faible incidence de cancer du colon chez les Finlandais dont le régime alimentaire est pourtant en grande partie de type occidental, c'est-à-dire riche en bœuf, en graisse et en protéines, et pauvre en fibres.

Lors d'expériences, la blastolysine, une substance constituée de glycopeptides et isolée à partir de soja fermenté avec du «L. bulgaricus», se montra capable d'exercer une action antitumorale remarquable contre le sarcome S-180 chez les souris.

Dans les traitements antibiotiques, on utilise le «B. bifidum» pour rétablir l'équilibre bactérien de l'intestin.

Les bactéries lactiques font obstacle à la prolifération excessive de bactéries pathogènes et produisent également une variété d'antibiotiques naturels qui aident l'organisme à combattre la maladie.

L'un de ces antibiotiques naturels, l'acidophiline, peut à lui seul inhiber 27 types différents de bactéries dont la salmonelle, le streptocoque et le staphylocoque.

Les bactéries lactiques sont aussi antifongiques et antivirales. Des chercheurs ayant étudié les bactéries acidophilus, B. fidium, et S. fæcium, les ont trouvées efficaces contre les champignons, les virus et les bactéries. On pense que les lactobacilles absorbées par le système lymphatique activent les cellules sanguines qui combattent bactéries et virus.

En plus d'agir efficacement contre les infections gastro-intestinales, les lactobacilles ont démontré, lors d'expériences sur des animaux, des capacités d'abaisser le taux de cholestérol.

Ceci laisse supposer qu'on pourrait donc créer, à partir du streptococcus fæcium qui fut utilisé lors de ces tests, un médicament anti-athérosclérose très utile et exempt d'effets secondaires.

Les bactéries intestinales participent à la synthèse de la vitamine K, la vitamine de la coagulation sanguine.

La vitamine K produit «l'ostéocalcine», la matrice protéique sur laquelle se fait la calcification des tissus osseux. Ainsi, sachant que les lactobacilles favorisent l'assimilation du calcium, on comprend qu'une thérapie antibiotique (décalcifiante) à long terme, sans *supplémentation* de ces bactéries, peut contribuer à «l'ostéoporose».

Une des allergies digestives les plus courantes est l'intolérance au lactose qui affecte jusqu'à 80 % de la population du globe. Plusieurs sont déficients en lactase, l'enzyme qui permet la digestion du lactose. Une alimentation enrichie de yogourt incubé avec de l'acidophilus ou la prise d'acidophilus issue de sources non-laitières, réduira le malaise digestif associé à l'intolérance au lactose.

Les lactobacilles protègent contre les diarrhées (surtout chez les enfants) et diminuent le pH des sécrétions vaginales, ce qui a pour effet d'enrayer les infections existantes.

En effet, les souches L. acidophilus, L. bifidus, L. rhamnosus, L. fermenti, et L. phantarum peuvent restaurer la flore normale du vagin et même guérir la vaginite.

En plus des souches de bactéries lactiques mentionnées plus tôt, on retrouve le L. bulgaricus et le S. thermophilus qui servent à faire le yogourt et croissent en symbiose (en association), et les bifidobactéries qui se composent de 24 espèces qui se ressemblent beaucoup dont deux espèces importantes, les Bifidobactérium Longum et Bifidobacterium Adolescentis.

Les suppléments de bactéries laitières peuvent provenir de sources laitières ou être exemptes de produits laitiers pour ceux qui souffrent d'allergies. En plus, les bonnes marques ne devraient contenir aucun colorant ou agent de conservation. Certains produits sont aussi offerts sans blé, soja ou levure.

La coenzyme q_{10}

Comme nous l'avons vu dans un chapitre précédent, la coenzyme Q_{10} n'est pas une enzyme comme telle, mais elle est si étroitement liée aux réactions enzymatiques que je me dois d'élaborer un peu sur cette dernière.

La coenzyme Q_{10} a dernièrement fait l'objet de recherches extensives et les résultats obtenus sont si positifs que certains chercheurs en nutrition l'ont dénommée le «dernier miracle».

Elle se comporte comme une vitamine en ce qu'elle est essentielle à certaines réactions productrices d'énergie dans le corps.

Bien qu'elle soit produite par le corps et disponible dans les aliments, on estime que Co Q_{10} n'est pas disponible en quantité suffisante pour répondre même aux exigences normales du corps. Cette opinion est basée sur des études qui démontrent que les tissus malades contiennent un taux de Co Q_{10} très bas.

Les causes de ceci sont incertaines. Peut-être que certains individus sont capables d'en produire assez et que d'autres en ont probablement un besoin plus grand que la normale. En tous cas, la recherche médicale démontre que l'administration orale de Co Q_{10} a donné des résultats impressionnants face à certaines affections.

Parce qu'elle augmente l'énergie cellulaire, elle participe au maintien de la santé des cellules du corps. Ainsi, elle soulage si efficacement les problèmes cardiovasculaires que beaucoup de médecins envisagent de l'ajouter aux thérapies cardiovasculaires. En parodontie, l'examen de tissus de gencives malades a démontré un taux de Co Q_{10} très bas. Quand des quantités suffisantes sont restaurées, les gencives guérissent et les dents redeviennent solides.

Dans les milieux sportifs, l'on sait très bien que la performance athlétique et musculaire requiert une plus grande quantité d'énergie.

L'alimentation est souvent inadéquate et ne répond pas toujours aux besoins de la personne active. Plus les besoins en énergie augmentent, plus un approvisionnement adéquat est crucial. Certaines études ont démontré que les athlètes et les sportifs jouissent d'une amélioration réelle de leur performance quand ils prennent des suppléments de Co Q_{10}.

En plus d'aider à stabiliser le taux de sucre dans le sang, elle peut être utile pour maintenir un poids corporel idéal. Il y a des gens qui transforment naturellement leur énergie en chaleur corporelle et gardent ainsi leur ligne.

D'autres conservent plutôt cette énergie et la stockent sous forme de graisse. Si plus d'énergie peut être transformée en chaleur, il en restera moins sous forme de graisse. La Co Q_{10} peut augmenter les capacités du corps à transformer la graisse en chaleur.

La Co Q_{10} est utile aussi pour répondre aux besoins des hyperthyroïdiens. En effet, ces gens ont une glande thyroïde suractive et ont un rythme métabolique si élevé qu'ils peuvent avoir des besoins en énergie supérieurs à ce que le corps fournit. Étant donné qu'elle aide le corps à produire de l'énergie, Co Q_{10} peut aussi aider à soulager la fatigue qui accompagne souvent «l'hypothyroïdie» (glande thyroïde ralentie).

En vieillissant, la coenzyme Q_{10} devient plus rare pour deux raisons. Premièrement, les membranes cellulaires s'usant à un rythme accéléré, une plus grande quantité de Co Q_{10} est employée.

Deuxièmement, l'efficacité du système digestif diminuant (potentiel enzymatique affaibli), l'alimentation fournit moins de coenzymes. Il est donc utile d'offrir au corps un supplément adéquat de ce nutriment essentiel pour enrayer la dégénération des tissus qui en résulterait.

Les suppléments d'enzymes

Il y a deux sources de suppléments d'enzymes, animale et végétale.

Les suppléments d'enzymes animales

Déjà en 1932, les extraits pancréatiques sous forme de poudre étaient fréquemment utilisés. De l'estomac des porcs, on extrayait aussi la pepsine qui était utilisée par les médecins pour des patients qui avaient des problèmes de digestion.

La pepsine requiert un médium très acide pour faire son travail sur les protéines et elle n'agit pas sur les gras et les hydrates de carbone. Pour ce qui est des extraits pancréatiques, ils sont extraits d'animaux tués en abattoir et leurs enzymes digèrent les protéines, les gras et les hydrates de carbone.

Le problème avec les extraits de pancréas est que ses enzymes ont besoin d'un milieu neutre ou légèrement alcalin, tel le duodénum, pour agir. La pepsine, quant à elle, est à l'aise dans l'estomac à cause du haut taux d'acidité des sucs gastriques dû à la présence de l'acide hydrochlorique. Une fois sécrétées, les enzymes pancréatiques se dirigent vers les intestins alcalins et ne sont pas actives dans l'acidité. Ceci collabore donc à la mauvaise digestion des gras et hydrates de carbone, surtout lorsqu'il y a eu peu ou à peu près pas de pré-digestion.

Lors de la prise de suppléments en comprimés, pour éviter que la pilule ne se dissolve dans l'acide de l'estomac, on protège les capsules d'un enrobage entérique. Ainsi, lorsqu'elle atteint l'intestin, les sucs alcalins dissolvent l'enrobage et libèrent les enzymes. Le but de ces comprimés pancréatiques est de promouvoir la digestion des aliments au cas où le pancréas faillirait à produire des enzymes. Mais, selon le Docteur Howell, autorité en la matière, l'hyposécrétion (sécrétion ralentie) du pancréas est rare.

Comme il l'affirme dans ses écrits, le pancréas et les autres organes sécrétant des enzymes digestives, fabriquent déjà beaucoup trop d'enzymes étant donné que nous n'ingérons pas assez d'enzymes alimentaires pour prédigérer nos aliments. À cause de ceci, il déconseille la prise de suppléments d'enzymes de source animale.

De plus, pour renforcer cette ligne de pensée et comme nous le dit le naturopathe québécois Daniel-J. Crisafi dans son livre *Candida Albicans* : «Un nombre croissant d'études démontrent que les enzymes végétales sont supérieures à la bétaïne ou à la pancréatine, et ce à cause du fait qu'elles s'activent mieux à la température du corps humain.»[10]

Les suppléments d'enzymes végétales

Suite à des recherches intensives, le Docteur Howell en vint à conclure que ce qui serait préférable serait un extrait d'enzyme végétale qui pourrait agir dans un acide léger et qui ne serait pas trop dispendieux à manufacturer. Ceci pourrait ainsi permettre la pré-digestion dans le haut de l'estomac (l'estomac des enzymes alimentaires) avant que l'acide des sucs gastriques ne devienne trop puissant.

Pour concrétiser cette démarche, il se tourna donc vers les Chinois et les Japonais qui ont découvert originalement que les fongus (champignons et levures) étaient de bons producteurs d'enzymes acides et qu'on pouvait en préparer des extraits d'enzymes variées.

Se basant sur ces données, il formula donc un composé incorporant les trois catégories majeures d'enzymes : la protéase, l'amylase et la lipase qui digèrent respectivement les protéines, les hydrates de carbone (amidons) et les gras.

Ce sont les Japonais, qui en tête de liste et bien avant les Nord-Américains, furent les plus grands utilisateurs de fongus aussi appelé «Aspergillus Oryzæ» pour produire des enzymes digestives.

Il existe des centaines de variétés d'Aspergilli dont quelques-unes qui produisent des «Aflatoxines» qui sont malsaines.

Les producteurs expérimentés n'utilisent que les variétés saines.

Comment on les fabrique

Pour obtenir les enzymes désirées, une souche saine sélectionnée d'Aspergillus Oryzæ est cultivée sur des morceaux d'aliments tels le son de blé ou le soja, auxquels on aura ajouté au préalable une variété de minéraux.

Des combinaisons différentes de substrates d'aliments variés produisent les familles d'enzymes nécessaires telles l'amylase, la protéase et la lipase.

Des extraits de ces enzymes (les différentes variétés comptent elles-mêmes plusieurs sortes d'enzymes différentes) sont ensuite séchés, réduits en poudre et encapsulés.

Les enzymes extraites de l'Aspergillus sont particulièrement importantes pour la pré-digestion gastrique puisqu'elles agissent mieux dans l'acide léger et doux, tandis que les enzymes salivaires digèrent en milieu neutre et alcalin.

Les suppléments d'enzymes extraits des champignons et des levures ainsi que les enzymes des aliments crus opèrent dans le milieu acide léger que l'on retrouve dans l'estomac une demi-heure à une heure après un repas.

Comment utiliser les suppléments d'enzymes

Pour une pré-digestion plus efficace, il est recommandé de prendre les capsules d'enzymes avec le repas, car attendre après le repas pour le faire aurait pour résultat de retarder la digestion.

Toutefois, il y a d'autres situations où des variétés spécifiques (et dans un but bien précis) doivent être prises avant et entre les repas. Nous reviendrons sur ce sujet au chapitre des déficiences enzymatiques.

Quand la nourriture crue est mastiquée, les enzymes qu'elle contient sont libérées et la digestion commence immédiatement, même avant que la nourriture soit avalée.

Le même phénomène se produit lorsque l'on mâche une capsule d'enzymes en même temps que la nourriture. Cette pratique, prétend le Docteur Howell, est plus efficace que de simplement avaler la capsule sans la mâcher, car elle requiert alors un certain temps pour se dissoudre et libérer les enzymes.

Les personnes qui s'objectent au goût que peut avoir la poudre d'enzymes, peuvent ouvrir la capsule et la saupoudrer sur la nourriture (qui ne doit pas être chaude mais plutôt à la température du corps (40°C) pour ne pas détruire les enzymes).

Il faut alors attendre 15 à 20 minutes pour donner le temps aux enzymes d'entamer leur travail. Durant ce temps, les enzymes vont

commencer à digérer la nourriture. Il est décon-
seillé de laisser reposer pendant la nuit la
nourriture contenant les enzymes, car elle peut
prendre un goût sucré alors que les amidons
tournent en glucose.

Lorsqu'il n'est pas pratique de mélanger la
poudre d'enzymes aux aliments, il faut manger
les crudités (salades) en premier, prendre les
capsules d'enzymes digestives et puis manger la
nourriture cuite.

La pratique de mâcher les capsules d'enzymes
n'est pas recommandée pour les comprimés
recouverts d'un enrobage entérique (qui n'agissent pas sur la pré-digestion) ou pour les capsules
d'enzymes contenant de la bile qui sont très
amères. [11]

Pourquoi prendre des suppléments d'enzymes digestives

Comme je l'ai dit plus tôt, la cuisson, la manipulation industrielle, la déshydratation et
l'irradiation détruisent les enzymes contenues
dans les aliments, et nos glandes digestives
doivent faire du surtemps ; ce que la nature
n'avait pas prévu.

En plus, nos corps ont tendance à produire
moins d'enzymes en vieillissant et certaines
personnes possédant un système digestif faible,
peuvent en produire encore moins.

Ceci peut mener à une pénurie d'enzymes digestives qui pourrait avoir des conséquences néfastes pour notre santé.

Lorsque notre nourriture n'est pas complètement digérée due à une pénurie d'enzymes, nous sommes privés de certains nutriments contenus dans cette nourriture. Les aliments non digérés peuvent aussi causer de la putréfaction dans nos intestins, alimentant ainsi des micro-organismes indésirables et producteurs de gaz et de toxines néfastes pour le corps.

Les allergies alimentaires qui sont de plus en plus fréquentes aujourd'hui, sont aussi le résultat d'une digestion incomplète. Ainsi, lorsque les molécules de nourriture non-digérée (les protéines plus spécialement) sont absorbées, notre système immunitaire qui perçoit ces dernières comme des intruses, sécrètent des anti-corps pour les attaquer et les neutraliser.

Le problème est que les anti-corps (sécrétés en grandes quantités lorsqu'il y a beaucoup d'allergies alimentaires) causent aussi des effets secondaires tels que de l'inflammation et de la douleur, des migraines, des problèmes de peau, de l'asthme ou des difficultés respiratoires, d'autres symptômes d'allergies et peuvent même affecter le comportement psychologique.

En s'assurant que toute la nourriture que nous consommons est bien digérée, plusieurs de ces difficultés et conditions pénibles peuvent être évitées, améliorées ou même renversées totalement.

Les bénéfices des suppléments d'enzymes digestives

Les témoignages de gens ayant obtenu des bénéfices suite à la prise de suppléments d'enzymes digestives sont nombreux.

Ces derniers soutiennent avoir une meilleure circulation sanguine, une amélioration des allergies ainsi que de la condition de leur peau, moins de blocages artériels, un meilleur profil des lipides sanguins, une meilleure capacité de guérison, une digestion améliorée, moins d'ulcères, moins de reflux d'acide gastrique, moins de rhumes, moins de malaises en général. Ils assurent posséder un meilleur niveau d'énergie et avoir plus de facilités à maintenir leur poids.

Combien doit-on en prendre ?

Prendre des suppléments d'enzymes digestives n'est pas compliqué. Il suffit de suivre les indications du manufacturier.

Habituellement une (1) capsule d'une bonne qualité d'enzymes digestives est suffisante pour chaque repas. À l'occasion d'un repas particulièrement lourd, on peut prendre une capsule après une salade et une autre à mi-chemin pendant le repas.

Lors de circonstances spéciales et tel que l'indique la posologie, des enzymes additionnelles peuvent être prises entre les repas, à jeun et plusieurs fois par jour, et au coucher avec un grand verre d'eau.

On recommande souvent durant un rhume de boire des enzymes dans de l'eau ou du jus de légumes frais. Les enzymes aident ainsi à détruire les virus dans la bouche et dans les membranes muqueuses.

Les suppléments d'enzymes digestives sont-ils sécuritaires ?

Ils sont sécuritaires pour la majorité des gens. Gardons toujours à l'esprit que les enzymes digestives font partie du processus normal de la vie humaine et animale et sont ainsi bien acceptées par le corps, surtout lorsqu'elles sont consommées pour combler une carence.

Si de mauvaises combinaisons d'enzymes digestives sont ingérées, elles peuvent toutefois irriter certains ulcères gastro-intestinaux.

Elles peuvent aussi être la cause de certaines réactions allergiques. Étant donné que les enzymes sont elles-mêmes des composés protéinés, une réaction allergique est possible.

Certains individus, plus particulièrement ceux qui sont sensibles aux moisissures et à la pénicilline, peuvent souffrir de nausées ou de dérangements gastriques.

Les préparations à base d'enzymes font disparaître les symptômes associés à des carences enzymatiques. Il n'est toutefois pas recommandé pour autant de consommer des quantités (grandes ou faibles) d'un aliment auquel on est allergique à cause d'une carence enzymatique.

Les fabricants de ces suppléments considèrent qu'en matière de nourriture, chaque personne doit déterminer ses limites, lesquelles varient considérablement d'une personne à l'autre.

Certaines déficiences
et comment les combler

Lorsque le Docteur Howell mit sur pied le «Concept des enzymes alimentaires», il établit deux causes majeures à la maladie.

La première et principale coupable : une déficience enzymatique ou sous-nutrition qu'il considère comme la toute-importante, sous-jacente cause cachée prédisposante.

Elle agit sur notre corps en préparant le terrain, travaillant silencieusement et sournoisement.

La deuxième cause de maladie, plus publicisée toutefois, se manifeste seulement si la première a bien joué son rôle. Elle comprend les faiseurs de troubles tels les cancérogènes, le cholestérol, les bactéries nocives, les rayons-X, les additifs alimentaires et la fumée du tabac.

Les méfaits de la cigarette sont bien connus et pourtant nous connaissons tous des gens qui ont fumé toute leur vie sans pour autant développer de cancer. Pareillement, des millions de personnes ont utilisé les additifs alimentaires et les succédanés de sucre, ont été exposés aux rayons-X, ont bu de l'eau polluée et respiré de l'air vicié et pourtant ils semblent être immunisés contre les propriétés toxiques de ces agents. Pourquoi ? Il semblerait que les individus recevant plus de renforcements enzymatiques de sources externes soient mieux équipés pour combattre ces substances nocives que ceux qui ne reçoivent pas d'aide des enzymes.

Le potentiel enzymatique

Combien d'entre nous on jamais pensé un jour : «Et si j'avais une quantité prédéterminé de battements de cœur ou d'énergie utilisable. Qu'adviendra-t-il lorsque j'aurai utilisé entièrement mon quota ?»

La science a toutefois réussi, depuis, à apaiser notre esprit à ce sujet. Mais en est-il vraiment ainsi ?

Selon le Docteur Howell, l'âge n'est pas seulement une question de jours ou d'années, mais dépend en général de la condition physique des tissus. C'est un fait indéniable pour lui que les tissus possédant un haut taux d'enzymes ont tendance à être plus en santé et à demeurer jeunes plus longtemps.

La capacité qu'ont les tissus de fournir de l'énergie enzymatique est le potentiel enzymatique. Le Docteur Howell découvrit dans ses recherches que ce potentiel n'est pas illimité, et cela même si les cellules du corps produisent et maintiennent une certaine concentration d'enzymes dans les tissus.

Par exemple, les enzymes sont normalement produites et mobilisées selon les besoins qu'en a le corps. Toutefois, des études ont démontré que plus grand en était le besoin, plus rapidement la réserve d'enzymes s'épuisait. De plus, pour chaque carence d'une enzyme en particulier, il y a une condition ou une maladie correspondante.

On croit que le grisonnement prématuré des cheveux est dû à une déficience de l'enzyme «tyrosinase».[12]

Des études plus poussées ont définitivement apporté les preuves nécessaires pour permettre au Docteur Howell d'affirmer qu'il existe un potentiel fixe d'enzymes chez toute créature vivante.

Ce potentiel diminue avec le temps et est sujet au rythme de la vie. Ainsi, les personnes qui entretiennent une diète sans enzymes, *sur-utilisent* leur potentiel enzymatique par de prodigieuses sécrétions du pancréas et des autres organes digestifs.

Il en résulte une durée de vie raccourcie (65 ans ou moins comparativement à 100 ans et plus), de la maladie, et une résistance amoindrie au stress de tout genre, psychologique et environnemental.

En mangeant des aliments crus dont les enzymes sont intactes et en offrant aux repas d'aliments cuits des suppléments d'enzymes, il est possible d'arrêter le processus anormal et pathologique du vieillissement.

Comme conséquence de l'amélioration de la santé suite à un tel régime, les symptômes sont allégés et la réponse du système immunitaire corporel est renforcée.

La diète enzymatique comme thérapie

Jusqu'à maintenant, nous avons discuté des avantages des aliments crus pour une saine nutrition. Toutefois, peu a été dit sur la façon d'utiliser des aliments spécifiques et des suppléments d'enzymes pour améliorer et restaurer la santé.

Voyons maintenant comment certaines conditions peuvent être améliorées grâce à la diète enzymatique. Mais auparavant, voici quelques précisions sur les aliments utilisés dans cette diète.

Les aliments

Dans le but de remplacer les enzymes manquantes dans les aliments cuits, il est nécessaire ici de considérer une bonne balance entre les aliments crus et cuits au cours d'un même repas.

Les aliments crus les plus utilisés dans notre alimentation sont les salades et les fruits. Toutefois, ces derniers, quoique riches en fibres, vitamines et minéraux et faibles en calories, ne possèdent pas beaucoup d'enzymes.

Les aliments riches en calories possèdent généralement beaucoup plus que les trois principales enzymes digestives, mais malheureusement, ces aliments sont habituellement mangés cuits, donc sans enzymes.

Généralement, nous accompagnons d'une salade nos repas de viande, pommes de terre et pain. Le peu d'enzymes contenues dans ce repas n'est pas suffisant pour assurer une digestion adéquate. Les aliments à haut taux de calories tels la viande, les pommes de terre ou le pain sont aussi riches en enzymes, mais seulement lorsqu'ils sont crus.

Lorsque ces aliments sont mangés de la façon habituelle, c'est-à-dire cuits, la simple salade que l'on mange en accompagnement ne suffit pas à combler le manque d'enzymes dû à la cuisson.

Certains de ces aliments riches en calories et en enzymes sont consommables crus et d'autres ne le sont pas. Par exemple, peuvent se consommer crus les bananes, les avocats, les raisins, les mangues, les olives, les dattes et les figues fraîches, le miel cru, le beurre cru et le lait non-pasteurisé ; les grains et semences de céréales crues germées, le riz complet et les noix crues germées.

Une diète composée de tels aliments (si le commerce pouvait tous nous les fournir) et additionnée de salades de légumes frais, fournirait une haute qualité de protéines, gras et hydrates de carbone et pourrait remplir ainsi tous nos besoins nutritionnels.

Selon le concept des enzymes alimentaires, il est conseillé de consommer des repas consistant de 75 % de calories provenant d'aliments crus et de 25 % provenant d'aliments cuits.

Ceci représenterait une amélioration majeure sur la diète pratiquement sans enzymes de la majorité des gens.

Les enzymes et l'embonpoint

Selon le Docteur Howell, la liste des calories en utilisation ne fait aucune distinction entre les calories provenant d'aliments crus et celles provenant d'aliments cuits, ce qu'il considère d'ailleurs comme une sérieuse omission.

Il n'y a aucune indication dans la littérature scientifique qui présente l'idée que les aliments crus sont moins engraissants que les mêmes aliments cuits (calories pour calories) et que ces mêmes aliments cuits surstimulent le système endocrinien.

Si une même quantité d'aliments cuits engendre de l'embonpoint, l'on doit se poser de sérieuses questions sur le comportement bizarre de ces calories cuites.

Les calories crues stimulent relativement moins les glandes et ont tendance à stabiliser le poids. À cause des enzymes digestives que contiennent les aliments crus, la pré-digestion s'effectue sans effort pour les glandes et les aliments sont mieux assimilés. Ainsi, le corps bénéficie de plus d'énergie et n'enclenche pas le processus de mise en réserve sous forme de graisse, car toutes les calories sont utilisées immédiatement.

Les calories cuites excitent les glandes et ont tendance à être engraissantes. Le corps doit produire lui-même les sucs gastriques nécessaires pour digérer les aliments dénudés d'enzymes, ce qui représente une dépense superflue d'énergie. Dépendant du métabolisme de chacun et selon sa capacité de production d'enzymes, chez certains les aliments cuits ne seront pas digérés totalement et les résidus putréfieront, produiront des toxines ou seront stockés sous forme de graisse.

Certains fermiers connaissent bien ce fait et en dépit de l'effort et des dépenses supplémentaires requises, trouvent plus rentable de nourrir leurs porcs avec des pommes de terre cuites plutôt que crues. Cette pratique produit des porcs plus gras qui se vendent à meilleur prix.

En règle générale, on peut dire qu'une pomme de terre crue est moins engraissante qu'une pomme de terre cuite, qu'une banane ou une pomme crue est moins engraissante que cuite et que du miel cru n'est pas aussi engraissant qu'une même quantité de calories contenues dans du sucre blanc raffiné.

Dans cette optique, même un verre de jus frais est moins engraissant et procure plus d'énergie qu'une même quantité du même jus du commerce tout préparé.

Il n'y a évidemment aucune preuve scientifique pour confirmer ceci, mais il y a plusieurs faits reliés qui viennent de partout dans le monde qui viennent appuyer cette doctrine ; par exemple, les Esquimaux, ceux qui vivent encore primitivement et qui consomment encore majoritairement de la viande crue. Lors de trois visites dans l'Arctique, le Docteur V.E. Levine d'Omaha au Nebraska examina 3 000 Esquimaux primitifs et en compta seulement un avec de l'embonpoint et ceci en dépit que ces derniers consommaient des quantités énormes de gras.

De plus, d'autres recherches sur ces Esquimaux ont démontré que ces derniers ne faisaient pas d'hypertension et n'avaient aucun problème de durcissement des artères. [13]

En dépit du fait que certains argumenteront que ces gens sont munis génétiquement de ce qu'ils ont besoin pour faire face aux rigueurs du type de vie qu'ils mènent, un fait reste certain : le gras cru contient d'énormes quantités de l'enzyme lipase permettant la digestion entière et totale des gras. Il faut noter aussi que la lipase est absente des gras cuits et des huiles raffinées, d'où la nécessité de les consommer avec prudence ou de les éviter carrément.

Peut-être que l'une des principales causes de l'embonpoint est due au fait que nous consommons trop d'aliments raffinés et d'aliments cuits, dénaturés d'enzymes digestives ?

Il y a un fait intéressant qui laisse suggérer que les personnes obèses puissent avoir une carence enzymatique. En 1966, le Docteur David Galton de l'École de médecine de l'Université Tufts, fit des tests sur le gras abdominal de onze obèses ayant un poids moyen de 154 kg (340 livres) chacun et y découvrit une déficience de l'enzyme lipase dans leurs dépôts de gras.

Comme nous l'avons vu plus tôt, les lipases sont très étroitement liées au métabolisme des gras. Les résultats obtenus dans cette étude laissent fortement supposer que l'obésité et les dépôts anormaux de cholestérol ont leur source dans notre inhabilité à prédigérer les gras dans le haut de l'estomac (estomac des enzymes alimentaires) car, en les raffinant ou en les cuisant, nous détruisons les lipases naturelles des aliments gras.

Il y a évidemment plusieurs causes à l'embonpoint et les aspects psychologique et psychosomatique sont bien connus pour jouer un rôle important dans ce domaine. Toutefois, avant d'entreprendre toutes sortes de thérapies ou divers régimes amaigrissants, n'y aurait-il pas lieu, à la lumière de ce qui vient d'être dit, d'opter pour une alimentation plus vivante et plus riche en enzymes digestives ?

Les nombreux bénéfices ne se feraient pas seulement sentir sur le maintien du poids idéal, mais incluraient en plus un effet sur la santé en général.

Pour les personnes désireuses de perdre du poids, les recommandations d'usage s'imposent toujours : la restriction calorifique, l'exercice physique régulier, le respect des bonnes combinaisons alimentaires, une saine gestion du stress, organiser sa vie pour être bien dans sa peau, etc. Garnir en plus son assiette d'abondantes crudités et de germinations serait s'assurer une digestion au maximale, évitant ainsi les réserves de graisse tout en obtenant plus d'énergie.

Les collations de jus de légumes frais pressés ou lacto-fermentés sont aussi fortement recommandées.

Lorsque, pour une raison ou pour une autre, ceci n'est pas possible, le supplément d'enzymes digestives reste une option appréciable. Ainsi, la prise de concentrations d'enzymes lipases accompagnées de protéases, d'amylases et de cellulases est recommandée. Les personnes consommant beaucoup de produits laitiers (ce que plusieurs experts déconseillent d'ailleurs) devraient en plus prendre des suppléments d'acidophilus.

Il existe sur le marché plusieurs combinaisons possibles de suppléments d'enzymes digestives pour aider à perdre du poids. Dans votre quête pour connaître la combinaison qui vous convient le mieux, c'est le naturothérapeute ou le conseiller des établissements qui se spécialisent dans la vente de produits naturels qui sera votre meilleur support.

Les enzymes et le cholestérol

Probablement le plus près que les médecins sont venus d'aider à réduire l'incidence des maladies cardiaques est en incitant les gens à réduire leur ingestion de gras et de cholestérol. Mais est-ce vraiment la réponse ? Est-ce que le manque d'enzymes dans les aliments gras et cuits qui résulte en une digestion incomplète n'est pas aussi en cause ?

Il y a une tendance récente à accuser le gras animal d'être une des causes principales des problèmes cardiovasculaires. On s'aperçut aussi que les huiles végétales (raffinées) n'augmentaient pas le taux de cholestérol jusqu'à ce qu'on découvre les effets des gras hydrogénés, aussi néfastes que les gras saturés (de sources animales principalement).

Il est bien connu dans le domaine scientifique que lorsque l'on trouve du gras dans la nature, on trouve aussi l'enzyme lipase. La lipase est présente dans les tissus humains en santé, dans la viande d'animaux, de poissons et de la volaille. Le problème, pour le consommateur, est qu'il faut ingérer ces aliments crus si l'on veut bénéficier des enzymes. Mais à part manger du sushi (poisson cru), du steak tartare ou des marinades de viandes et poissons crus, il n'y a pas beaucoup de place dans l'alimentation moderne pour de tels mets.

Toutefois, l'utilisation d'huiles riches en lipase (première pression à froid) peut apporter un certain équilibre en compensation. Ainsi, les huiles extraites des fèves de soja et graines de lin entre autres, ainsi que les graines elles-même contiennent de la lipase en abondance. De plus, la lipase est présente dans le beurre fait de lait non-pasteurisé, les olives, les graines de coton et les noix de coco.

En 1962, trois médecins britanniques décidèrent d'essayer de découvrir pourquoi le cholestérol se déposait et bloquait les artères. Ils testèrent les enzymes dans des artères durcies et normales. Ils découvrirent que toutes les enzymes étudiées devenaient progressivement plus faibles au fur et à mesure que les personnes vieillissaient et que le durcissement devenait plus sévère.

Ces médecins croient qu'une pénurie d'enzymes fait partie du mécanisme de dépôt et d'accumulation de cholestérol dans les artères.[14]

Le rôle que jouent les enzymes dans la circulation sanguine est important. En médecine, l'on sait que la circulation a tendance à ralentir en vieillissant à cause du décroissement graduel du niveau de plasmine dans le sang. La plasmine est l'enzyme responsable de la dégradation de fibrine dans le sang. Ceci, en réalité, re-liquéfie le sang collant. La plasmine est responsable de la libre-circulation du sang.

À 60 ans, les gens possèdent seulement une fraction de la plasmine qu'ils avaient étant jeunes. Des études faites sur la phlébite ont démontré comment les suppléments d'enzymes pouvaient aider l'approvisionnement sanguin. Voilà bien une autre raison de manger des aliments vivants.

En 1970, le Professeur Max Wolf, qu'on appelle souvent le père des enzymes, traita 347 patients souffrant de problèmes veineux (qui a rapport aux veines), en utilisant une combinaison d'enzymes. Les résultats furent exceptionnels : 58 % des patients furent complètement libérés de leurs symptômes, 27 % furent presque libres de leurs symptômes et 13 % obtinrent peu ou aucune amélioration.

Le danger de consommer des gras se situe surtout au niveau des gras sans enzymes. La fâcheuse tendance que nous avons de chauffer nos gras pour cuire nos aliments pourrait bien être la source de nos problèmes de cholestérol.

Les complications commencent dans notre tube digestif quand le gras, dénudé de ses enzymes (lipases) doit demeurer inactif et inaltéré dans l'estomac (d'une personne dont le potentiel enzymatique est affaibli) pendant une période de deux à trois heures ou plus même après avoir été ingéré.

Pendant que l'amylase salivaire et ensuite la pepsine prédigèrent les hydrates de carbone et les protéines dans l'estomac, la lipase est absente, retardant la digestion des gras. Résultats : putréfaction, gaz, toxines et dépôts de gras. Mais, quand le gras est mangé cru avec ses lipases non-endommagées par la chaleur, il peut être digéré en même temps que les protéines et les hydrates de carbone dans le haut de l'estomac (estomac des enzymes alimentaires) avant que l'acidité de l'estomac ne mette fin à la pré-digestion.

Quand les gras raffinés, dénudés de la lipase, confrontent l'acide hydrochlorique de l'estomac humain, ils font face à une rude expérience. Ils peuvent s'en sortir avec une défectuosité structurale qui pourrait empêcher qu'ils soient adéquatement digérés dans l'intestin.

De plus, ils pourraient être mal métabolisés quand ils atteindront les tissus corporels plus tard.

Le fait que nous consommions trop de nourriture cuite qui dénude le gras de ses enzymes et perturbent la pré-digestion, pourrait bien être les circonstances cruciales qui engendrer de façon cruciale les problèmes de cholestérol et cardio-vasculaires.

Les recommandations d'usage sont encore les mêmes que plus tôt ; manger plus de germinations, de lacto-fermentations, de crudités et moins d'aliments cuits, réduire les gras et sucres raffinés, et faire de l'exercice physique régulièrement.

Supplier avec des complexes enzymatiques contenant de la lipase demeure toujours une très bonne solution dans cette démarche.

Les enzymes et le vieillissement prématuré

Quelle est la puissance des enzymes d'un corps dans la fleur de l'âge comparativement à celle d'un corps qui avance en âge ? De nombreuses études démontrent que l'activité enzymatique s'affaiblit en vieillissant.

Comme je l'ai mentionné plus tôt, le Docteur Meyer et ses associés de l'Hôpital Michael Reese de Chicago, ont remarqué, lors d'une recherche, un potentiel enzymatique trente fois plus fort chez de jeunes adultes que chez des personnes de 69 ans et plus.

En plus, le Docteur Eckart d'Allemagne testa le contenu en amylase de 1 200 spécimens d'urine. Le résultat fut que chez les jeunes, la moyenne était de 25 unités comparativement à 14 pour les vieux. En 1940, les Docteurs Meyer, Spier et Neuwell testèrent la pepsine ainsi que le contenu d'enzymes pancréatiques d'un groupe de 32 sujets humains âgés entre 12 et 60 ans, et un autre groupe âgé entre 60 et 96 ans. Le jeune groupe démontra un taux quatre fois plus élevé des enzymes pepsine et trypsine, tandis que le taux de lipase était légèrement plus bas chez les vieux.

Lors d'une autre étude, les Docteurs Becker, Meyer et Necheles ont découvert que chez les personnes âgées, la quantité de lipase était relativement basse dans les sucs pancréatiques et que l'absorption des gras par l'intestin était lente. [15]

De nombreux autres tests effectués sur des animaux et des insectes démontrent qu'il est possible d'allonger leur durée de vie en réduisant simplement leur quantité d'aliments.

L'explication de ces résultats est simple selon les chercheurs : moins de nourriture à digérer signifie que moins d'enzymes digestives sont nécessaires.

Cela contribue aussi à maintenir un potentiel enzymatique plus haut, éloignant ainsi le temps de la mort et équipant mieux le corps pour se défendre contre la maladie.

Il semblerait, selon les recherches du Docteur Howell, que la vraie cause du vieillissement prématuré serait l'épuisement du potentiel enzymatique des billions de cellules de tout l'organisme. Cet épuisement vers la fin de la vie serait causé, semblerait-il, par une surdemande non-naturelle des sucs digestifs.

Fait à noter, une sécrétion pancréatique due à une défectuosité du pancréas est très rare. Cela devrait être évident que le pancréas du Nord-Américain moyen suralimenté ne peut fournir à l'énorme demande d'activité enzymatique requise par les sursécrétions pancréatiques, et cela sans mentionner la formidable demande en protéine pour fournir le métabolisme enzymatique.

Lorsqu'il est en manque, le corps, dans le but de soutenir le pancréas dans ses efforts, va emprunter et voler même le potentiel énergétique et enzymatique des autres organes et systèmes (immunitaires, etc.). Ceci peut en grande partie être responsable de plusieurs malaises et maladies.

Comme nous le dit James B. Summer de l'Université Cornell et lauréat d'un prix Nobel : «La vie est un fonctionnement organisé d'enzymes.» La vie est une intégration de réactions enzymatiques et elle se termine lorsque l'activité métabolique des enzymes est réduite au point de ne plus pouvoir continuer les réactions enzymatiques vitales. Ceci peut être vu comme la vraie marque de commerce du vieillissement.

La vieillesse et une activité d'enzymes métaboliques débilitée sont synonymes. Si nous mettions un frein immédiatement à nos abus, si nous mangions moins et mieux (plus d'aliments vivants en plus d'un supplément d'enzymes), nous pourrions sûrement voir ce que nous considérons maintenant comme de la vieillesse (et tout ce qu'elle représente) devenir la période glorieuse de notre vie.

Les enzymes et l'arthrite

Dans un rapport qui date de 1947, le Docteur Arnold Renshaw de Manchester en Angleterre, avance la théorie que l'arthrite rhumatoïde pourrait être une maladie d'insuffisance découlant d'une inhabilité à gérer adéquatement la digestion et le métabolisme des protéines.

Plus tard, après l'émission de ce rapport, le Docteur Renshaw décida de prouver sa théorie. Pour ce faire, il choisit des personnes souffrant d'arthrite rhumatoïde et leur fit prendre, après chaque repas, des capsules d'enzymes séchées extraites de la muqueuse intestinale.

Les sujets prirent jusqu'à sept capsules d'enzymes par jour. Le traitement, effectué à l'Hôpital Ancoats de Manchester, fut appliqué sur 700 patients et étendu sur une période de sept ans. Des résultats positifs furent obtenus dans les cas d'arthrite rhumatismale, ostéo-arthrite, et de fibrose (enflure des tissus conjonctifs). On nota aussi de l'amélioration dans les cas d'enflures des vertèbres et de la maladie de Still qui affecte particulièrement les jeunes.

Sur 556 cas variés qui furent testés, 283 cas s'améliorèrent beaucoup et 219 autres connurent une amélioration moins marquée. Une certaine patience est requise toutefois avant la remise en forme. Dans les cas cités ci-haut, certaines personnes prirent de 18 à 24 mois avant de se sentir vraiment mieux. [16]

77

S'IL EST VRAI QU'UNE AMÉLIORATION CON-
SIDÉRABLE DE LA SANTÉ PUISSE ÊTRE REMARQUÉE
PAR LA PRISE ORALE DE SUPPLÉMENTS D'ENZYMES,
LES MÊMES RÉSULTATS ET PLUS ENCORE PEUVENT
ÊTRE OBTENUS PAR UNE RÉFORME SÉRIEUSE DE
L'ALIMENTATION. AJOUTER BEAUCOUP PLUS
D'ALIMENTS CRUS ET VIVANTS TOUT EN RÉDUISANT
LA QUANTITÉ D'ALIMENTS CUITS ET GRAS DE NOTRE
DIÈTE SERAIT SÛREMENT UNE VOIE SALUTAIRE
POUR NOUS ET DIGNE D'ÊTRE EXPLORÉE PLUS À
FOND.

Les enzymes et le cancer

Beaucoup a été dit dernièrement sur la possibilité de plus en plus sérieuse que les radicaux libres puissent être une cause déterminante dans le développement du cancer.

Encore une fois ici, les enzymes semblent jouer un rôle important dans le développement ou la guérison de cette maladie. Les radicaux libres sont des fragments de molécules ou des éléments avec des électrons impairs. Ils sont extrêmement actifs et sont les intermédiaires entre des milliers de réactions chimiques dans notre corps. Toutefois, des radicaux libres superflus et dommageables sont créés en réponse à la pollution, la radiation et l'ingestion de trop de gras. Ces radicaux libres superflus endommagent nos cellules et, selon ce que l'on croit, peuvent aller jusqu'à causer le cancer.

Selon le Docteur Howell, il y a d'abondantes preuves acquises en laboratoire qui démontrent qu'il y a une chimie enzymatique profondément perturbée dans un corps cancéreux.

Cette situation semble s'aggraver encore plus suite à des traitements chimiques et de radiations ou lorsqu'il y a chirurgie, puisque le corps réagit fortement en synthétisant et en envoyant des enzymes supplémentaires pour réparer les tissus secondaires affectés par la thérapie. Ainsi, l'examen de tissus cancéreux démontra que même si le niveau de certaines enzymes était élevé, le niveau d'autres enzymes était anormalement bas.

Il y a de multiples causes au cancer et la mauvaise alimentation ne représente qu'un des aspects du développement de cette maladie.

Toutefois, en maintenant un système immunitaire fort et résistant, les possibilités de souffrir de cette maladie sont réduites de beaucoup quand elles ne sont pas éliminées totalement. Encore dans ce cas-ci, l'alimentation vivante et la prise de suppléments d'enzymes sont recommandées par les spécialistes pour placer l'organisme dans des conditions propices à bien résister aux agressions de toutes sortes.

De nombreux cas de guérison de cancer par des régimes à base de crudités ont été décrits. Le cas le plus célèbre est certainement celui de Johanna Brandt, une femme atteinte d'un cancer de l'estomac qui s'est totalement remise de sa maladie en ne mangeant que du raisin cru pendant plusieurs mois. Après la disparition de sa tumeur, elle continua à pratiquer un régime végétarien à base de fruits et légumes qu'elle consommait crus. Sa tumeur avait disparu définitivement, puisqu'il n'y eut aucune rechute. Plusieurs années plus tard, Johanna Brandt écrivit son livre *La cure de raisin*, un best-seller dans lequel elle propose le raisin comme méthode de traitement du cancer.

Voici une liste de quelques aliments et substances naturelles ayant selon plusieurs experts des propriétés anti-cancer :

- la chlorophylle contenue dans les légumes verts frais ;
- le chou sous toutes ses formes (incluant chou-fleur et brocoli) ;
- les agrumes pour leur vitamine C ;
- l'ail et l'oignon ;
- les kiwis ;
- la chitine, une protéine que l'on retrouve dans la peau des insectes et des crustacés. [17]

Les enzymes et les allergies alimentaires

Il est bien connu aujourd'hui que les allergies alimentaires sont causées par l'absorption de molécules de protéines mal digérées. Il y a de nombreuses formes d'allergies alimentaires et la relation allergie/nutrition est maintenant assez bien acceptée médicalement.

Pour ce qui est des autres formes d'allergies, elles se produisent au contact d'une substance étrangère (allergène).

Dans tous les cas d'allergies (alimentaires et autres), le corps, pour se défendre, déclenche une réaction contre l'allergène. En soi, ce phénomène d'auto-défense est salutaire, mais au lieu d'en rester là, la réaction s'amplifie outre mesure, occasionnant des symptômes désagréables (éruptions cutanées, inflammation, indigestions, gaz, ballonnements, prurits, mucus, sensation de brûlure, démangeaisons, etc.).

Il existe des allergies à un très grand nombre de substances : aux graminées (rhume des foins), aux produits laitiers, au gluten de blé, aux poils de chiens et chats, aux plumes d'oiseaux, médicaments, poussières, moisissures, etc.

Dans plusieurs cas, suite à des traitements enzymatiques et à une réforme sérieuse de l'alimentation, les réactions allergiques disparaissent.

Le Docteur A.W. Oelgoetz publia en 1936 dans le *Medical Record* un document intitulé «Le traitement des allergies alimentaires». Selon sa théorie, les allergies alimentaires se manifestent lorsque le taux de protéase, amylase et lipase descend en bas d'un certain niveau.

Lorsque cela se produit, il recommande la prise de poudre de pancréas. Suite à la prise de ces enzymes pancréatiques, le niveau d'enzymes augmenta, les particules d'aliments non digérés furent éliminées et les allergies alimentaires disparurent.

Un autre chercheur obtint aussi des résultats plutôt impressionnants dans le traitement des allergies avec l'aide d'enzymes végétales amylases, de pepsine et d'enzymes pancréatiques.

Dans un rapport émis en 1932, le Docteur Sansum cite les résultats suivants : [18]

Nombre de cas	% d'amélioration
34 asthme bronchique	88
12 asthme alimentaire	92
14 eczéma alimentaire	83
19 fièvre des foins	80
11 diarrhée	100
29 urticaire	86

Inutile d'en dire plus pour prouver l'efficacité de la prise d'enzyme soit sous forme d'aliments crus ou en capsule, pour maintenir la santé.

Les enzymes et le diabète

Il serait possible de déduire, suite à l'information fournie dans ce livre, que le taux de sucre dans le sang pourrait se stabiliser grâce à une réforme alimentaire sérieuse qui favoriserait les aliments crus.

Toutefois, pour renforcer cette hypothèse, je cite ci-après le résultat d'une étude qui a été faite par les Docteurs Rosenthal et Ziegler de l'Hôpital universitaire Washington et qui avait pour but de prouver qu'il y avait une différence entre les calories cuites et crues.

L'expérience fut effectuée sur des diabétiques et des gens normaux. Les sujets mangèrent presque deux onces d'amidons crus et subirent des tests sanguins pour évaluer leur taux de sucre. L'on sait que chez les diabétiques, manger trop d'amidons cuits fait monter en flèche leur taux de sucre sanguin, à moins de prendre de l'insuline.

Les diabétiques dans cette étude n'utilisèrent aucune insuline et même après l'ingestion des amidons crus, leur taux de sucre sanguin n'augmenta que de six milligrammes dans la première demi-heure. Par la suite, il descendit de neuf milligrammes après une heure et de 14 milligrammes deux heures et demie après l'ingestion des amidons crus. Chez certains diabétiques, la baisse du taux de sucre sanguin est allée aussi loin que 35 milligrammes. Chez les personnes normales, il n'y a eu qu'une légère hausse suivie d'une légère baisse du taux de sucre sanguin en une heure. [19]

Ceci démontre bien qu'il y a une différence entre les calories issues d'aliments crus et celles provenant d'aliments cuits.

Les enzymes que contiennent les aliments crus sont suffisantes pour auto ou prédigérer les aliments qui les contiennent. Ainsi, un repas bien balancé et totalement digéré apporte l'énergie nécessaire au bon fonctionnement de l'organisme, sans perturber l'harmonie corporelle.

Les différents produits
d'enzymes sur le marché

Il existe de nos jours une multitude de produits d'enzymes, soit sous forme d'aliments ou de suppléments, que l'on peut se procurer surtout dans les magasins d'aliments naturels.

En effet, grâce à la technologie moderne, il est maintenant possible pour les manufacturiers d'aliments naturels de commercialiser des produits ou des extraits d'aliments telles les enzymes par exemple et qui abondent sur les tablettes des établissements spécialisés.

Voici ci-après une brève liste de certaines catégories d'aliments et de suppléments contenant des enzymes. Suite à une conscientisation de plus en plus grande de la part des consommateurs vis-à-vis l'efficacité de ces produits, la demande pour les aliments fermentés et les suppléments d'enzymes augmente en flèche, et nous ne voyons que la pointe de l'iceberg.

La croissance du développement de nouveaux produits dans ce secteur de marché se fait à un rythme fou et il sera intéressant d'en suivre l'évolution dans les années à venir.

Pour le moment, passons en revue et par catégorie ce qui est disponible maintenant sur le marché.

Les aliments frais

Notre premier choix dans la démarche élaborée dans ce livre serait de consommer en priorité les aliments crus et de source organique autant que possible. En effet, dépendant de la saison, les fruits et légumes biologiques cultivés localement ne sont pas toujours disponibles et si cela est le cas, ils doivent être importés, ce qui augmente considérablement leur prix déjà plus élevé que les aliments non-biologiques.

Que le prix des aliments *bios* soit plus élevé n'est pas exceptionnel, car comme n'importe quel produit haut de gamme, leur qualité supérieure justifie bien les dollars en plus qu'on en demande.

En plus, la bonne habitude de consommer des produits biologiques comporte l'avantage d'avoir des aliments qui goûtent bien meilleur et qui sont exempts de tout engrais chimique ou pesticide. Consommer des fruits et légumes organiques, c'est aussi s'assurer d'augmenter notre potentiel enzymatique étant donné que ces aliments sont garantis de ne pas avoir été manipulés génétiquement (bio-engineered foods) ou irradiés, ce qui détruit complètement tous les enzymes qu'ils contiennent. Dans la catégorie des aliments frais, il est recommandé de consommer :

- Fruits et légumes, organiques de préférence, indigènes (cultivés localement) et en saison autant que possible ;

- graines germées : tournesol, luzerne, oignons, moutarde, soja, etc ;
- œufs et de préférence le blanc d'œuf cru que l'on utilise dans les boissons énergisantes. Le jaune d'œuf est à éviter pour son haut contenu en cholestérol et en calories. Les blancs d'œufs séchés contiennent beaucoup moins d'enzymes à cause de la manipulation qu'ils subissent ;
- poissons crus, servis en sushi (cuisine japonaise) ou marinés ;
- viande crue (ex.: steak tartare) ou marinée ou séchée naturellement au soleil ;

Il faut noter que la majorité des déshydrateurs commerciaux utilisent un degré de chaleur assez élevé et prolongé, ce qui peut handicaper sérieusement les enzymes. Les viandes fumées sont aussi sans enzymes, car ce processus utilise aussi la chaleur ; là où il y a de la fumée, il y a aussi du feu ;

- jus de fruits ou de légumes fraîchement pressés.

Ici encore, il faut être prudent dans le choix d'un bon extracteur à jus. Pour ceux qui peuvent se le permettre financièrement, le choix idéal serait d'opter pour un appareil qui «presse» littéralement les fruits et légumes, plutôt que de les déchiqueter pour en extraire le jus.

En effet, dépendant de l'appareil, les lames coupantes et déchiqueteuses tournent à des vitesses qui varient entre 1725 tours à la minute (RPM) et 3250 RPM. Il va sans dire qu'à ces vitesses vertigineuses, la friction exercée crée une chaleur excessive qui tue les enzymes.

L'extracteur à jus à pression, quant à lui, de par son processus de lentes révolutions (90 RPM), n'augmente pas la chaleur, laissant intactes les enzymes. Le prix toutefois élevé de ces appareils (approximativement 950 $) représente quand même un bon investissement. Si l'on veut s'en tenir aux fruits acides, il reste toutefois le bon vieux presse-agrumes toujours aussi efficace et à bon prix.

Les aliments biologiques tout préparés (semi-frais)

- Le tofu : pâte végétale faite de lait de soja caillé. Très populaire, on le sert dans une multitude de plats. Il doit être consommé cru pour garder sa valeur enzymatique.
- Le tempeh : aussi appelé viande de soja, il est constitué entièrement de soja fermenté. Comme toute fermentation, il ne doit pas être chauffé si l'on veut conserver intacts ses enzymes.
- Les jus de légumes lacto-fermentés : ils contiennent un haut taux d'enzymes grâce au

processus de lacto-fermentation. Il en existe de nombreuses variétés offertes en magasins d'aliments naturels.

- Les aliments lacto-fermentés : pour les personnes qui ne désirent pas toujours manger du cru, il est possible, par la lacto-fermentation, de conserver certains aliments tout en conservant leur haute teneur en enzymes. On peut, pour ce procédé, utiliser tous les légumes biologiques de saison, certains fruits, certaines légumineuses, les produits laitiers. Très indigeste cru ou cuit, le lait est totalement transformé par la fermentation (exemple : lait caillé, yogourt, fromage). Il existe de très bons livres sur la lacto-fermentation qui vous indiqueront la marche à suivre ainsi que les ingrédients à utiliser pour réussir ce procédé.

- Les céréales germées et broyées : elles sont généralement composées d'une combinaison de céréales (kamut, seigle, épeautre, etc.). Une fois germées, elles sont broyées en une fine poudre que l'on peut mélanger à ses mets cuits, céréales ou boissons énergétiques. Riches en enzymes, elles facilitent la digestion des aliments auxquels elles sont mélangées. Elles sont disponibles chez les marchands d'aliments naturels.

- Le thé Kombucha (jus de champignons fermentés).
- Vinaigre de cidre de pommes non pasteurisé.

Les suppléments

Les variétés sont énormes et à peu près toutes les compagnies manufacturières de suppléments de vitamines et minéraux en fabriquent. Parmi les plus connus :

- La broméline : extraite de la tige de l'ananas, en plus d'aider à la digestion des protéines, elle possède des propriétés anti-inflammatoires, antibiotiques et aide à contrôler les allergies et le poids.
- La papaïne : extraite de la papaye, elle augmente les capacités digestives et est utilisée comme attendrisseur de viandes.
- Certaines compagnies de produits naturels se spécialisent presque uniquement dans la fabrication d'une grande variété de complexes d'enzymes visant à stabiliser certaines conditions :
    1. soulagement des allergies ;
    2. intolérance aux protéines ;
    3. intolérance aux gras (perte de poids) ;
    4. intolérance aux produits laitiers ;
    5. intolérance aux fibres ;
    6. désintoxication ;
    7. renforcer le système immunitaire, etc.

La formule la plus populaire, toutefois, est la formule multi-enzymes, surtout celle accompagnée d'acidophilus que l'on prend avant chaque repas en guise de prévention. Elle stimule la digestion en général et augmente la résistance globale de l'organisme.

- La spiruline. Cette algue que l'on peut prendre sous forme de capsules, comprimés ou en poudre contient plusieurs enzymes dont la superoxyde dismutase. Cette enzyme est reconnue pour sa capacité de se gaver de radicaux libres qu'on croit être responsables de plusieurs cancers.

On trouve aussi des produits d'enzymes remplissant des rôles bien précis. Ces produits ne sont pas nécessairement de source biologique et on peut se les procurer un peu partout.

1. Enzymes liquides (produit naturel) pour digérer les fèves et empêcher la formation de gaz intestinaux.
2. Enzymes en capsules (naturelles ou chimiques) pour digérer le lactose des produits laitiers. On peut même se procurer du lait enrichi aux enzymes (lactase) pour digérer le lactose.
3. Boissons diététiques à base d'hydrolisats de collagène (produit naturel). Ce produit n'est pas chauffé et est considéré comme de l'alimentation vivante. Pour maigrir, on in-

gère le produit à jeun avec de l'eau avant de dormir.

Pour avoir plus d'énergie, on le prend le matin avant le petit déjeuner.

Quelques petits trucs
et suggestions

Ce livre ne serait pas complet si je ne me permettais pas d'élaborer sur les méthodes de cuisson des aliments et la réaction des enzymes lorsque soumises à la chaleur.

Comme nous l'avons vu plus tôt, la chaleur excessive de la cuisson tue les enzymes et c'est une excellente idée que de réduire la température de cuisson afin de moins transformer les aliments.

Plus un aliment est cuit longtemps et à haute température, plus il s'éloigne de sa forme naturelle et plus il apparaît à l'échelle moléculaire des résidus de cuisson qui éventuellement poseront des problèmes aux niveaux digestif et métabolique. Pour éviter que cela ne se produise, la cuisson à basse température semble être une alternative intéressante.

Un fait intéressant à noter au sujet des enzymes est qu'elles sont plus actives lorsqu'elles sont légèrement chauffées. Des expériences faites sur des mélanges d'enzymes (amylases) ont démontré que lorsqu'elles étaient exposées à une température de 100°F, les enzymes accomplissaient au moins quatre fois plus d'ouvrage qu'à 80°F. Exposées à 120°F, elles accomplissaient huit fois plus qu'à 80°F.

À 160°F, elles accomplissaient jusqu'à 16 fois plus qu'à 80°F. Toutefois, à 160°F, les enzymes se dénaturent après une demi-heure et ne sont plus actives.

Ainsi, on pourrait facilement conclure de ceci que se nourrir d'aliments cuits à basse température permet de faciliter la digestion et est un premier pas dans la bonne direction.

Donc, pour bénéficier au maximum de l'effet des enzymes, on priorisera les crudités et ensuite les aliments qui se prêtent bien à la cuisson à basse température tels que les céréales (gruau, riz), les légumes (brocoli, chou-fleur, haricots verts ou jaunes, pois mange-tout), en fait tous les légumes qui se prêtent bien à la consommation *al dente* (ferme sous la dent).

Un moyen facile de cuire à basse température

Vous pouvez faire cuire votre riz, par exemple, dans de l'eau chauffée à 150°F - 160°F (position minimum du petit élément de votre cuisinière) pour un maximum de 30 minutes. Les légumes *al dente* peuvent être cuits aussi de cette façon. Plusieurs fours à micro-ondes permettent de cuire à basse température.

Les aliments cuits à haute température

Sachant ceci, on peut réaliser l'importance d'*éviter* de cuire avec des huiles industrielles (raffinées à plus de 400°F), de faire des grillades (plusieurs centaines de degrés), les graisses cuites, les sauces grasses et les fritures (355°F, selon les huiles utilisées). Ce genre de cuisson tue 100 % des enzymes contenues dans les aliments.

Si votre alimentation est constituée de trop d'aliments cuits, il faut alors prendre des suppléments d'enzymes digestives pour maintenir votre potentiel enzymatique intact.

Ce qu'il faut faire ou ne pas faire

- Faites des dépôts réguliers dans votre «compte de banque enzymatique» ;
- mangez de plus petits repas;
- mangez plus de crudités : légumes, fruits, germinations, etc ;
- favorisez l'alimentation végétarienne modérée (œufs, produits laitiers et poissons quelques fois par semaine) ;
- prenez des collations de fruits le plus souvent possible ;
- mangez les fruits et les salades en apéritif ;
- évitez les desserts et le sucre raffiné ;
- évitez les aliments raffinés, manipulés, irradiés, car ils sont exempts d'enzymes ;
- préférez les huiles de première pression à froid (elles sont extraites à plus basse température) et le jus de citron frais au lieu du vi-

naigre pour vos vinaigrettes (à moins
d'utiliser le vinaigre de cidre de pommes non
pasteurisé ;

- respectez le concept des combinaisons
  alimentaires ou de l'alimentation dissociée.
  C'est une manière plus naturelle de manger,
  car l'organisme humain et animal a dévelop-
  pé, a cours de l'évolution de la vie, les enzymes nécessaires à la digestion des mélanges
  les plus fréquemment rencontrés dans l'habitat
  naturel. Nous serions donc génétiquement
  «munis» des enzymes nécessaires pour digérer
  ces mélanges ;
- ne mangez que lorsque vous avez faim ;
- respectez votre seuil de satiété et arrêtez de
  manger lorsque votre petite voix intérieure
  vous dit que vous en avez assez. Trop manger
  ou manger lorsque l'on n'a pas faim épuise
  inutilement le potentiel enzymatique ;
- évitez les viandes en sauce, les plats compli-
  qués et longuement mijotés. Attention aux
  grillades ou barbecue et à la cuisson au four
  (sauf à basse température) ;
- respectez le concept de l'assiette idéale, c'est-
  à-dire 75 % de crudités ou d'aliments cuits à
  basse température et 25 % d'aliments cuits ;
- buvez des jus de légumes frais pressés (dans
  un extracteur à jus à pression et à lentes révo-

lutions - RPM) ou des jus de légumes lacto-fermentés ;

- mangez des aliments conservés par fermentation ;
- évitez le «fast-food».

À moins de mettre en pratique à la lettre tous les conseils donnés ci-haut, ce qui n'est pas toujours chose facile, il serait prudent d'ajouter à votre alimentation des capsules d'enzymes digestives.

Si vous les prenez en guise de prévention pour obtenir un bien-être en général, les formules de multi-enzymes font très bien l'affaire.

Il existe plusieurs variétés d'enzymes qui sont issues soit de source animale ou végétale. Toutefois, ce sont les enzymes végétales qui semblent être les plus recommandables.

Premièrement, les enzymes issues de plantes métabolisent toutes les catégories d'aliments. Elles contiennent des protéases pour digérer les protéines, des amylases pour dégrader les amidons, des lipases pour métaboliser les gras et des cellulases pour digérer les fibres.

Certaines formules peuvent même contenir une variété d'autres enzymes pour répondre à un besoin spécifique.

Deuxièmement, les enzymes végétales opèrent dans un pH varié. Ces formules d'enzymes sont actives tout au long du tube digestif, soit de l'estomac au petit intestin, car elles agissent aussi bien dans un milieu acide qu'alcalin.

Les enzymes de source animale telle la pancréatine travaillent seulement dans le milieu alcalin du petit intestin et les préparations de pepsine s'activent seulement dans l'acide de l'estomac.

Étant donné qu'elles ont un large champ d'action au niveau du pH, les enzymes végétales assurent la dégradation totale des aliments, ce qui garantit une absorption plus complète.

En général, pour digérer la nourriture, il faut prendre les enzymes juste avant le repas. Pour stimuler les enzymes métaboliques (qui répondent aux besoins des activités du corps autres que la digestion), il faut généralement prendre les capsules entre les repas lorsque l'estomac est vide.

Lorsque vous permettez aux suppléments d'enzymes de faire une partie du travail, vous économisez vos propres réserves d'enzymes responsables d'effectuer le travail cellulaire, ce qui se traduit par une meilleure santé.

Rappelez-vous toutefois que, s'il est vrai qu'une amélioration considérable de la santé puisse être remarquée par la prise orale de suppléments d'enzymes, les mêmes résultats et plus encore peuvent être obtenus par une réforme sérieuse de l'alimentation qui donne la priorité aux aliments crus et vivants.

En maintenant votre potentiel enzymatique, vous demeurerez mince et vous vous sentirez mieux tout en conservant l'énergie et la vitalité nécessaires pour vivre plus longtemps.

Index

Bibliographie

Bateson-Koch, Carlee, N.D., D.C. «Aging and your enzyme potential.» *Alive Magazine*, #161 (Mars 1996).

Berger, Melvin, *Enzymes in Action,* New York : Crowell

Clergeaud, Chantal et Lionel, *À la découverte des aliments fermentés,* Flers: Équilibres aujourd'hui

Clergeaud, Chantal et Lionel, *Graines germées et jeunes pousses* Flers: Équilibres aujourd'hui éd.

Comby, Bruno, *Mangez mieux, vivez mieux.* Montréal: Éditions de l'homme

Crisafi, Daniel-J, N.D., M.H., Ph.D., *Candida Albicans,* Montréal: Hippocampe - ÉdiForma

Dextrait, Raymond, *La méthode Harmoniste,* Paris : Vivre en harmonie

Dye, Michael. «Juicing enters the 21 century.» *Alive Magazine* (Mai 1996)

Howell, Docteur Edward, *Enzyme Nutrition,* Wayne, N.J.: Aveny Publishing Group

Lee, H. William, *Coenzyme Q-10,* New Canaan, Connecticut : Keats Publishing Inc.

McWilliams, Margaret, *Foods, experimental perspectives*, 2 édition. New York : MacMillan Publishing Company

Michka. *La spiruline.* Genèe : Georg éditeur

Milot, Pierre, *Mangez et maigrissez par les combinaisons alimentaires,* Boucherville : Éd. de Mortagne

Noss Whitney, Eleanor and Eva May Nunnelley, *Understanding Nutrition*, 2 édition. St-Paul: West Publishing Co.

Références des ouvrages mentionnés et/ou cités dans le texte:

(1) Eleanor Noss Whitney and Eva May Nunnelley Hamilton, Understanding Nutrition, 2ième édition (St-Paul: West Publishing Co., 1981), p. 256.

(2) Eleanor Noss Whitney and Eva May Nunnelley Hamilton, <u>Understanding Nutrition</u>, 2ième édition (St-Paul: West Publishing Co., 1981), p. 225.

(3) Eleanor Noss Whitney and Eva May Nunnelley Hamilton, <u>Understanding Nutrition</u>, 2ième édition (St-Paul: West Publishing Co., 1981), p. 229.

(4) Eleanor Noss Whitney and Eva May Nunnelley Hamilton, <u>Understanding Nutrition</u>, 2ième édition (St-Paul: West Publishing Co., 1981), p. 223-229.

(5) Dr. Edward Howell, <u>Enzyme Nutrition</u> (Wayne, N.J.: Aveny Publishing Group, 1985), pages 10 et 11.

(6) Dr. Edward Howell, <u>Enzyme Nutrition</u> (Wayne, N.J.: Aveny Publishing Group, 1985), page 12.

(7) Dr. Edward Howell, <u>Enzyme Nutrition</u> (Wayne, N.J.: Aveny Publishing Group, 1985), pages 34 à 39.

(8) Chantal et Lionel Clergeaud, <u>Graines germées et jeunes pousses</u> (Flers : Équilibres aujourd'hui éd., 1989), pages 17 à 21.

(9) Chantal et Lionel Clergeaud, <u>À la découverte des aliments fermentés</u> (Flers : Équilibres aujourd'hui éd., 1989), pages 11 à 19.

(10) Daniel-J. Crisafi, N.D., M.H., Ph.D., <u>Candida Albicans</u> (Montréal : Hippocampe - ÉdiForma, 1995) page 64.

(11) Docteur Edward Howell, <u>Enzyme Nutrition</u> (Wayne, N.J. : Avery Publishing Group, 1985) pages 115 à 117.

(12) Carlee Bateson-Koch, N.D., D.C., <u>Aging and your enzyme potential</u>, Alive Magazine, #161, March 1996.

(13) Docteur Edward Howell, <u>Enzyme Nutrition</u> (Wayne, N.J. : Avery Publishing Group, 1985) pages 107 à 109.

(14) Docteur Edward Howell, <u>Enzyme Nutrition</u> (Wayne, N.J. : Avery Publishing Group, 1985) page 147.

(15) Docteur Edward Howell, <u>Enzyme Nutrition</u> (Wayne, N.J. : Avery Publishing Group, 1985) page 154.

(16) Docteur Edward Howell, <u>Enzyme Nutrition</u> (Wayne, N.J. : Avery Publishing Group, 1985) pages 134 et 135..

(17) Bruno Comby, <u>Mangez mieux, vivez mieux</u> (Montréal :
Éditions de l'homme, 1994), page 166.
(18) Docteur Edward Howell, <u>Enzyme Nutrition</u> (Wayne,
N.J. : Avery Publishing Group, 1985) page 144.
(19) Docteur Edward Howell, <u>Enzyme Nutrition</u> (Wayne,
N.J. : Avery Publishing Group, 1985) page 108.

Table des matières

Pierre Milot, Ph.D., N.D. est naturothérapeute. Il reçoit en consultation privée. Il donne aussi des conférences. Il organise des séminaires. On peut le rejoindre en téléphonant au (514) 624-9252

ÉDIFORMA

10 ans

Service éditorial
4855, Chemin de la Côte Saint-Luc, N° 511
Montréal - Canada - H3W 2H5
(514) 528-5843
(514) 486-9013

Diffusion

Belgique: Vander/Bruxelles
Canada: Diffusion Rive-Nord/Laval
France: Gnostique/Paris
Luxembourg: Vander/Bruxelles
Suisse: Transat/Genève

Visitez notre site WEB:
www.odyssee.net/ ~ ediforma